생명의 탄생

전파과학사는 독자 여러분의 책에 관한 아이디어와 원고 투고를 기다리고 있습니다. 디아스포라는 전파과학사의 임프린트로 종교(기독교), 경제·경영서, 일반 문학 등 다양한 장르의 국내 저자와 해외 번역서를 준비하고 있습니다. 출간을 고민하고 계신 분들은 이메일 chonpa2@hanmail.net로 간단한 개요와 취지, 연락처 등을 적어 보내주세요.

생명의 탄생

원시 생물로의 물질의 진화

–

초판 1쇄 1988년 07월 10일
초판 5쇄 1993년 11월 25일
개정 1쇄 2024년 05월 28일

–

지은이 오시마 타이로
옮긴이 백태홍
발행인 손동민
디자인 이현수

–

펴낸곳 전파과학사
출판등록 1956. 7. 23. 제 10–89호
주   소 서울시 서대문구 증가로18, 204호
전   화 02-333-8877(8855)
팩   스 02-334-8092
이메일 chonpa2@hanmail.net
공식 블로그 http://blog.naver.com/siencia

ISBN 978-89-7044-657-8 (03470)

생명의 탄생

원시 생물로의 물질의 진화

오시마 타이로 지음 | 백태홍 옮김

전파과학사

첫머리에

오래전의 일이다. 어느 대학의 학생들로부터 학원 축제에 "생명의 기원"이라는 테마로 전시를 하고 싶다는 상담을 받은 적이 있었다. 학원 축제가 끝난 후 이 학생 그룹으로부터 전시가 성공리에 끝났다는 보고와 인사의 서신을 받는데 그 서신 가운데 다음과 같은 내용이 들어 있었다. 학원 축제가 끝난 후에 전시와 이에 앞서 몇 주간에 걸쳐 공부한 생명의 기원에 대하여 그간에 느끼고 생각했던 점들을 서로 이야기할 수 있는 총괄적인 회의를 열었다는 것이다.

그때 한 학생이 '생명의 기원에 관한 연구로 도대체 무엇이 사회에 환원되는 것일까? 세포에 관한 연구가 언젠가는 질병의 치료나 예방에 직결될 것이라는 뜻에서 생명의 기원에 관한 연구가 인간의 생활 향상에 소용 있게 되는 것일까? 생명의 기원은 학자의 개인적인 호기심을 만족시켜 주는 자기도취적인 테마는 아닌가'라는 의견을 말했다는 것이다. 나로서 의외라고 생각되는 것은 그 외의 학생들도 이 의견에 반론을 제기하지 못하고 생각에 잠기고 말았다는 사실이다.

이 학생들은 극단적인 프래그머티즘의 피해를 입고 있다고 말하기보다는 학부의 학생으로서는 당연한 일일지는 모르지만 오히려 기초 연구에 대한 이해가 결여되어 있다고 말할 수 있다. 최초의 생물이 어떻게 해서 탄생했는가라는 의문은 다소간에 거의 모든 사람이 관심을 갖고 있는 일이다. 그 이유는 무엇일까?

생명의 기원을 생각하면 필연적으로 생명이란 무엇인가라는 물음에 직면하게 된다. '생명의 기원'과 '생명의 본질'이라는 두 가지 문제는, 예컨대 자동차로 보면 두 바퀴의 관계와 같다. 어느 문제든 다른 한쪽을 떼놓아서는 정확한 의논을 할 수 없다. 생명의 기원에 관한 관심은 결국, 생명이란 무엇인가, 생물과 무생물과의 경계는 무엇인가라는 우리 자신의 존재와 관련된 근본적인 물음과 다름이 없다. 그런 이유로 많은 사람의 관심을 불러일으킨다.

이처럼 생명의 기원 연구가 공헌하는 것은 사람들의 생명관, 우주관에 작용하여 그것을 바꾸어 가는 데 있다. 생명의 기원 연구는 사람들의 생명관, 인생관에 서서히 영향을 끼치는 것이지만 그것이 얼마나 큰 의미를 갖고 있는지는 갈릴레오의 태양중심설과 같은 극적인 예를 생각하면 좋을 것이다. 태양중심설이 당시의 사람들의 세계관을 어떻게 바꾸어 놓았으며, 그것이 그 후의 생활이나 학문에 어떤 영향을 주었는지 머릿속에 그려 보면 생명의 기원 연구가 갖는 의미도 충분히 이해할 수 있을 것이다.

이 책의 4장에서도 조금 언급했지만 생명의 기원 연구에서 발단하여 지금 바야흐로 새로운 공업 화학 분야가 시작되려 하고 있다. 그 때문에 수년 전에 학생들이었던, 아무런 소용도 없다던 소박한 의문은 현재는 프래그머티즘의 그늘에 숨어 버릴지도 모르지만 그렇게 되면 '생명의 기원' 문제의 본질은 놓치고 말 것이다. 생명의 기원에 관한 연구자들로서는 공업화학과의 관련 등은 조그마한 부산물에 지나지 않는다.

'생명의 기원' 또는 비슷한 제목의 서적은 헤아릴 수 없을 정도로 많다. 그러나 그것들은 '생명이란 무엇인가'에 관한 저자들의 생각이 기술되어 있는 것들이어서 어떤 것이든 한 권의 책만 읽으면 끝나는 그러한 성질의 것은 아니다. 물론 오파린의 『생명의 기원』과 같이 확고한 생명관에 입각하여 일관된 조리가 선 불후의 명저도 있거니와 때로는 신통치 않은 것까지 있다.

옥석이 섞인 『생명의 기원』에다 또 하나의 돌을 가하는 격이 되지만 나는 문자 그대로 천학비재(淺學菲才)임에도 불구하고 이 책을 쓰기로 결심한 것은 쉽게 읽을 수 있는 『생명의 기원』이라는 책이 적다고 생각되었기 때문이다. 『생명의 기원』이라는 많은 책이 생물이나 화학의 전문적인 지식을 갖고 있는 사람을 대상으로 쓰여져 있으나 이들 서적이 생명의 본질에 관한 사색을 다루고 있음을 생각할 때 조금이라도 자연과학에 관심이 있는 사람이라면 손쉽게 읽을 수 있는 책이 있어도 좋을 것 같다고 생각했기 때문이다. 생물과학의 전문가가 아닌 사람이 생명의 기원이라는 수수께끼 풀이를 통하여 생명이란 무엇인가를 생각하는 하나의 계기가 되는 디딤돌로 되었으면 하는 생각에서 쓴 것이다.

생명의 기원에 관한 연구의 세계는 대립되는 해석이나 의견으로 의논이 언제나 들끓고 있다. 큰 것은 생명을 어떻게 파악하느냐라는 본질에

근원을 둔 것부터, 작은 것은 개개의 관찰에 대한 해석까지 자연과학의 다른 분야에서는 볼 수 없을 정도로 떠들썩하다. 이러한 구구한 의견들 중에서 대표적인 것은 대충 이 책에서 소개했지만 이야기의 줄거리는 내 나름의 생명에 관한 생각과 나의 데이터에 관한 해석으로 밀고 나갔다.

이러한 서로 다른 의견을 공평하게 취급한다는 것은 나로서는 감당할 수 없는 일이기도 하고 또한 그러한 방식으로 책을 쓸 생각도 없었기 때문이기도 하다. 따라서 일반적으로 높이 평가받고 있는 가설이라 할지라도 이 책에서는 부당하게 낮게 취급된 일도 있다.

생명이 어떻게 해서 생겨났는가에 대해서는 알고 있지 못한 부분이 많다. 알고 있지 못한 것을 쉽게 해설하려고 하는 것 자체가 무리인지도 모른다. 또한 이 문제는 생물학, 생화학, 화학 등의 최신의 성과를 근거로 연구가 진행되고 있으므로 이에 대한 지식이 없는 사람에게도 쉽게 읽을 수 있도록 하려는 고충도 있어 천학비재한 몸으로는 과중한 일이었던 것 같다. 대충 쓰고 난 지금 내 스스로도 뜻대로 되지 않았다는 느낌이 든다. 그러나 어떻게든 겨우 써낸 것은 고단샤 과학도서 출판부 고에다 씨의 충고와 격려가 있었던 덕분이다. 마음으로부터 감사히 생각한다.

오시마 타이로

| 차례 |

제1장

자연 발생설의 몰락과 부활

진흙이나 식물에서 새나 동물이 태어난다?

'생명의 기원'이라는 문제는 생명과학을 연구하는 사람이나 그렇지 않은 사람을 막론하고 누구나 관심이 있는 수수께끼일 것이다. 이것은 예로부터 오늘에 이르기까지 변함이 없으며 태곳적 사람들도 태어나고 죽어가는 생명들을 보고 '어디서 온 것일까'라는 의문을 품고 있었음에는 틀림없다. 따라서 '생명의 기원'에 관한 연구 역사는 인류의 학문의 역사가 시작되었던 때부터 오늘날에 이르기까지 계속되어 왔다고 말할 수 있을 것이다.

중국, 인도, 바빌로니아, 이집트 등 세계 각지에 있는 가장 오래된 기록이나 이야기 가운데서도 열과 진흙으로부터 구더기나 곤충이 생긴다는 '자연 발생'설을 기술한 부분이 발견된다.

또한 그리스 철학 시대도 그 시초부터 생명의 기원이라는 문제가 중요한 과제로 취급되어 여러 가지 학설이 발표되었다. 기원전 350년경에는 유명한 아리스토텔레스가 많은 곤충과 진드기가 그 모체로부터 생겨나고, 그 외에도 이슬, 진흙, 먼지, 땀 등에서 자연적으로 생겨나며 새우나 뱀장어 등도 진흙에서 자연 발생한다는 내용의 학설을 기술함으로써 결국 자연 발생설로 논쟁의 종지부가 찍히고 말았다. 이 시대에 아리스토텔레스는 너무나 위대했기 때문에 그에게 대항할 수 있는 학자가 없었던 것이다.

이렇게 아리스토텔레스의 학설은 제자들에 의해 계승되었고 중세에

그림 1 | 중세시대, 거위는 나무 열매에서 태어나므로 식물이라고 믿은 사람도 있었다. 그러나 종교상 육식을 해서 안 되는 날에 거위를 먹는 핑계로는 그럴듯했다

이르러서는 교회의 권위로써 지켜져서 2,000년이란 긴 세월 동안 생명 현상에 관한 정답으로 인식되고 말았다.

중세 동안 과학 전반에 걸친 진보가 매우 느렸던 것처럼 생명의 기원에 관한 생각도 여기서 거론할 만큼 가치 있는 발전은 볼 수 없었다. 연금술사 가운데는 플라스크 속에서 생물을 만들려는 노력을 한 사람도 있었을 정도였다.

그리하여 사람들 사이에서는 지금에 와서 보면 마치 우스갯소리와 같은 이야기가 믿어졌다. 예컨대 유명한 이야기의 하나는 거위가 어떤 종류의 나무에서 태어난다는 것으로, 거위는 식물이며 성찬에 써도 된다고 생각했다고 한다. 이윽고 근대 자연과학의 예명을 맞이하고 정확한 자연 관찰과 실증에 바탕을 두는 과학 시대가 시작되면서 이러한 터무니없는 이야기는 믿지 않게 되었다. 그러나 더욱 하등인 생물은 간단하게 자연 발생한다는 생각에는 변함이 없었다.

파스퇴르와 다윈의 역할

19세기 중엽에 이르러서는 생명과학의 전반적인 부분에 걸쳐 중요한 두 가지 성과가 이룩되어 생명 기원에 관한 고찰 방법은 그 면모를 일신하게 되었다. 그 하나는 17세기 후반에 네덜란드에서 레이우엔훅이 현미경을 발명한 데서부터 시작된다. 현미경을 사용함으로써 미생물의 세계가 발견되었고 물건이 부패하는 현상은 미생물이 번식하기 때문이라는 것도 알게 되었다.

이 시대에는 곤충이 진흙이나 땀에서는 발생할 수 없다는 생각이 지배적이었는데, 완전히 밀폐된 용기 속의 수프가 수일 후에는 부패하여 미생물로 넘칠 정도가 되기 때문에 미생물은 쉽게 자연 발생한다는 생각과 공기 중에는 눈에 보이지 않는 미생물의 종자가 있어서 미생물 또한 종자가 없으면 발생하지 않는다고 하는 완전히 대립되는 생각으로 분열되고 말았다.

18세기에서 19세기 전반에 걸쳐 이 두 가지 의견 대립은 여러 가지로 고안된 실험이 반복되어 행해졌음에도 불구하고 결말이 나지 않는 상태에서 점차 열띤 논쟁으로 전개되어 갔다. 그래서 프랑스 과학 아카데미는 이 논쟁에 대한 결정적 연구에 대해 현상을 걸었다. 이에 호응하여 행해진 연구가 유명한 파스퇴르의 실험이다.

파스퇴르는 먼저 공기 중에는 미생물이 있음을 보여 주었고, 그다음에는 끓여서 멸균한 수프를 목이 가는 플라스크에 넣고 미생물이 섞여 들어가지 못하도록 여과한 공기만 접촉할 수 있게 하면 수프는 절대로 부패하지 않으며, 미생물도 생겨나지 않는다는 것을 보여 주었다. 결론은 명백했다. 즉 미생물이라고 할지라도 모체인 종자가 없으면 생겨나지 않으며 생물은 무생물에서 쉽게 발생되는 것은 아니다. 이렇게 해서 파스퇴르는 아카데미 현상금을 받게 되었고, 생명에 관한 아리스토텔레스의 학설은 완전히 매장되고 말았다.

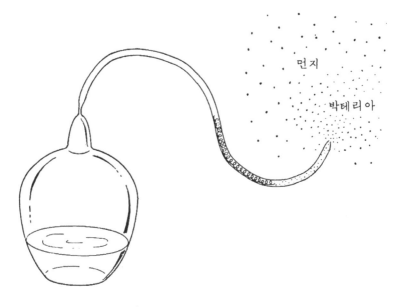

먼지

박테리아

그림 2 ┃ 파스퇴르가 사용한 목이 긴 플라스크

　이것과 병행하여 또 하나의 중요한 일이 전개되고 있었는데, 이 방면의 일은 스웨덴의 박물학자 린네에 의해 시작되었다. 린네는 18세기 중엽에 생물분류학을 만들어 놓았는데, 다양한 생물 속에 포함되어 있는 유사점을 정리하여 생물계 전체를 하나의 체계로서 볼 수 있도록 했다. 이 것이야말로 생물의 진화라는 사상의 제일보였다.

　그 후 이 사상은 점차 발전하여 19세기 중엽에 이르러서는 파스퇴르의 실험과 같은 때 영국의 다윈이 『종의 기원』을 저술하여 오늘날 널리 알려져 있는 진화론을 발표함으로써 생물계에 대한 통일적인 이해가 비약적으로 발전하게 되었다. 다윈은 대학을 나온 후 박물학자로서 해군 측

량선을 타고 1831년부터 5년간 주로 남반구 각지를 두루 항해했다. 그는 이 기간 동안에 관찰한 사실을 중심으로 자기 생각을 정리해 1858년 린네 학회에서 생물의 진화설을 발표하게 되었다. 즉 생물의 종은 하등의 것으로부터 진화된 것으로 이 진화를 추진하는 것이 자연계에서의 도태(선택)라고 생각하는 자연 도태설이다.

자연 발생설의 쇠퇴

파스퇴르의 실험에 의해 오래된 자연 발생설은 매장되었으나 파스퇴르가 행한 실험은 수프 속에서 미생물이 자연 발생하는 일은 없다는 것이지 생물의 자연 발생 자체가 절대로 있을 수 없다고 부정한 것은 아니었다. 다시 말해서 자연 발생이란 매우 일어나기 어려운 것임을 입증한 데 불과하다. 파스퇴르도 이 사실을 잘 알고 있었던 것 같다.

한편 다윈의 생각을 거꾸로 더듬으면 고등 생물에서 하등 생물로, 그 하등 생물을 탄생시킨 보다 더 하등 생물로 해서 마침내는 이 지구상에서 가장 하등인 생물에 이르게 되며 필연적으로 이 '생물이 어떻게 해서 생겨났는가'라는 생명의 기원 문제에 이르게 된다. 그러나 다윈은 생명의 기원은 실험적으로 증명할 수 없기 때문에 실험과학의 대상은 아니라고 하여 일부러 손을 대지 않았다.

두 사람에게 공통된 점은 생명의 기원을 고기 국물에서 박테리아가 발생한다는 간단한 자연 발생설에서 찾아낼 수는 없다는 것이다. 진실한 자연 발생은 불가능하다는 것이 증명된 것은 아니지만 실험에 기초를 두는 과학의 대상 외의 것이며 또한 대단히 곤란한 문제라고 생각했다.

이 두 사람 생각의 영향과 파스퇴르 이후 일부 사람들이 끈기 있게 시도한 자연 발생설에 대한 실험이 모두 실패로 끝난 사실 등으로 인하여 '자연 발생설'은 20세기에 새로운 의미를 갖고 다시 부활할 때까지 잠시 동안 생물과학 연구사 한쪽 구석에 틀어박혀 버리고 말았다.

우연 발생과 지구 외 기원

'자연 발생설'이 막다른 골목에 다다랐기 때문에 그 대신 생각해 낸 방법의 하나로서 생명의 발생은 지구상에서 좀처럼 일어날 것 같지 않은 우연이 몇 개 거듭되어 단 한 번 일어난 '초자연적' 또는 그것에 가까운 있을 수 없는 우연한 사건이라고 생각하게 되었다.

이 생각은 오늘날까지도 뿌리 깊게 남아 있으며, 많은 원자가 같은 장소에 모여서 정말 우연히 하등 박테리아를 만드는 일이 대단히 낮은 확률로 일어난다고 할지라도 이러한 생각을 부정할 수는 없다. 아무리 일어날 것 같지 않은 것일지라도 단 한 번만 일어나면 그것으로 생명의 기원 문제는 해결되고 말기 때문이다. 그러나 이 생각을 부정할 수도 없고 생각 그 자체는 그 이상 실증이나 의논의 대상도 될 수 없다.

50μ

그림 3 ｜ 운석에서 발견된 화석?(나기에 의함)

또 다른 하나의 생각도 이때부터 시작되었다. 지구의 생물은 지구상에서 발생한 것이 아니고 우주의 다른 어느 장소에서 생겨나, 그것이 우주여행을 해서 지구에 도착하여 살게 되었다는 것이다. 이 학설도 19세기 중엽부터 진지하게 검토되고 있다.

이 설에서는 생명의 기원 문제를 한 단계 앞으로 연장시킨 것뿐이다. 그렇다면 지구 이외의 생물이 생겨난 별에서는 그 생물이 어떻게 탄생되었는가라는 새로운 문제로 바꾸어 놓았을 뿐이지 근본적인 의미에서 해결된 것은 아니다. 그렇지만 미생물의 포자가 우주 공간을 날아다닐 가능성을 계산한다든지 운석을 타고 지구에 날아올 가능성을 시험해 본다든지 하고 있다.

지구상에서의 생명의 기원이라 생각하는 것은 아니지만 오늘날에도 미국 캘리포니아대학 산제고 분교의 나기 등은 어떤 종류의 운석 중에는 미생물이나 그 포자의 화석으로 보이는 것이 발견된다고 주장하고 있다. 그러나 다른 많은 우주 생물학자들은 나기 등이 발견한 구조체를 생물체 화석이라고 단정할 수는 없다고 하여 이 생각에 반대하거나 보류하는 태도를 취하고 있다. 운석 중에 생물체나 생물의 유해가 존재하는지의 여부는 아직 확정적인 결론이 내려져 있지 않다.

새로운 자연 발생설 — 화학 진화의 고찰

20세기 중반 가까이에 이르자 생명의 기원 문제는 다시 중요한 과학 연구의 과제로 취급되었고 '자연 발생설'도 그 면모를 새롭게 하여 부활했다. 오늘날 생명의 기원을 연구하는 연구자들에게 지지를 받고 있는 일반적인 견해는 다음과 같다.

생긴 지 얼마 안 된 지구상에는 아직 생명이 존재하지 않았으나 생명의 기초가 되는 간단한 유기화합물(탄소화합물로서 CO나 CO_2보다 복잡한 화합물)이 자연히 합성되었고, 이 유기화합물들은 서로 반응하여 차례차례로 보다 복잡한 화합물로 성장해 갔다. 다시 몇 개의 분자가 모여서 복합체를 만들고 최종적으로 지구상 최초인 '생물'이 출현한다. 이 생물이야말로 오늘날 지구상의 생물들에게 공통되는 조상이 되는 것이다. 이 최초의 생물은 진화하여 점차로 복잡한 미생물이나 하등동물로 되고, 최후에는 우리 인류의 출현에 이르게 된다는 것이다.

이 생각 가운데는 초자연이나 그것에 가까운 절대적인 우연이라는 것은 포함되어 있지 않다. 생물이란 지구상에서 탄생한 것이며 그것은 화학 물질이 진화한 결과 필연적으로 발생한 것이라는 생각이다. 즉 생명의 탄생을 지구 환경하에서의 물질 진화의 한 결과로서 취급한 것이다. 원시 지구상에서 생물체의 기초가 되는 유기화합물이 생겨나고 그것이 최초의 생물이 될 때까지 발전해 가는 과정은 그 후에 생물 진화에 대응하여 '화학 진화'라고 부르게 되었다.

그림 4 | 오파린

이 현대 자연 발생설을 최초로 제안한 사람은 러시아의 유명한 생화학자 오파린이다. 원래 식물학자였던 오파린은 1922년 러시아 식물학회에서 생명의 기원이라는 제목의 강연을 했다. 이 내용은 그 후 곧 책으로 출판되었다. 이것이 명저 『생명의 기원』이고, 이것은 세계 각국어로 번역되어 널리 읽히고 있다. 그 내용은 그 후 몇 번 개정되어 최근의 것으로는 1966년 개정판이 있다.

오파린에 이어 영국의 홀데인이 같은 생각을 발표하고 있다. 오파린이나 홀데인의 생각은 널리 퍼져 갔지만, 그것을 증명하려는 생명의 기원에 관한 실험적 연구가 본격적으로 시작된 것은 지금으로부터 약 20년 전인 1950년대에 들어서서부터다.

생명 기원 연구의 새로운 예명

20세기 후반에 들어서자 생명에 관한 연구가 활발해졌는데 거기에는 몇 가지 이유가 있다. 첫째는 생물학 그 자체의 진보다. 특히 분자생물학이 탄생해 눈부신 발전을 했기 때문에 복잡한 생물 현상에 대한 것, 예컨대 유전 등을 '분자의 언어'로 설명할 수 있게 되었다. 이렇게 '생명이란 무엇인가?'라는 문제를 한층 더 깊이 파고들어 의논할 수 있게 되었다. 생명이란 무엇인가라는 질문과 생명의 기원에 관한 물음은 표리일체의 관계에 있으므로 분자생물학을 시발점으로 하는 생물과학 전체의 진보가 생명의 기원 문제의 관심도를 높여 준 것은 당연한 일이다.

또한 생명과 직접 관계가 없는 학문의 진보도 무시할 수 없다. 생명의 기원에 관한 문제를 해결하는 데는 생물학이나 생화학뿐만 아니라 다른 분야의 지식이 종합될 필요가 있기 때문이다. 예컨대 이제부터 차례로 기술하는 것처럼 천문학이나 지구물리학이 발달해 원시 지구의 모습이 어떤 것이었는지를 알아야 하며 이 외에도 지질학, 고생물학, 유기화학, 분석화학 등 여러 분야의 전문가가 생물학자, 생화학자와 협력하여 손을 맞잡고 연구를 진행하지 않으면 안 된다. 생명의 기원에 관한 연구는 학문이 세분화되고, 상호 간의 연락이 불충분한 시대에는 행해질 수 없는 성질의 것이다. 다시 말하면 19세기 이후의 자연과학의 세분화, 전문화에 대한 반성으로부터 종합화를 중요시하게 된 오늘날과 같은 시대에 알맞은 과제라고도 할 수 있다.

그림 5 | 우주 개발도 생명의 기원 연구에 공헌

또 하나의 이유로는 우주 개발로부터의 자극이다. 생명의 기원에 관한 연구는 우주과학의 한 분야이기도 하고 또한 우주 개발을 위한 연구 성과는 생명의 기원을 생각하는 데 중요한 지식을 제공해 주었다. 생명의 기원 연구가 활발해진 것은 1950년대에 시작된 우주 개발의 열도에도 기인한다.

연구자의 수도 늘고 상호 간의 연락 및 교류의 필요성도 있어 제1회 생명의 기원에 관한 국제 심포지엄이 1957년 모스크바에서 열리게 되었다.

제2회는 6년 후 미국 플로리다주의 와쿨라 스프링스에서, 제3회는 6년 후 파리에서, 제4회는 1973년에 에스파냐의 바르셀로나에서 열렸다. 제5회는 1977년 일본에서 개최되었다. 더욱이 1974년 여름에는 오파린의 명저 『생명의 기원』이 최초로 출간된 지 꼭 50주년이 되는 해이어서 이것을 기념하여 모스크바에서 화학 진화에 관한 국제 심포지엄이 개최되었다.

이 기간에 '생명의 기원에 관한 연구의 국제 학회'라는 국제 조직도 만들어져 이 방면의 연구는 더욱더 활발해지려 하고 있다. 일본에서도 '생명의 기원 및 진화 학회'가 설립되어 종합적인 연구 체제를 갖추어 가고 있다.

제2장

생명의 역사를 거슬러 올라간다

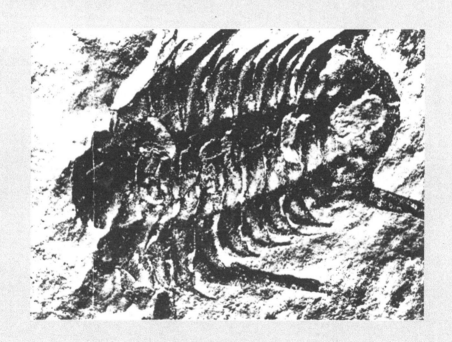

화석을 더듬어 가는 길

생명의 기원을 조사하는 데는 크게 나누어 두 가지 방법이 가능하다. 하나는 현재에서 출발하여 과거를 향해 생물의 역사와 기록을 정성껏 조사해 가면 언젠가는 최초의 생물의 기록, 그리고 그 이전의 최초의 생물이 생겨난 역사를 알 수 있을 것이라는 생각으로 생명의 역사를 더듬어 가는 방법이다.

또 하나는 반대로 태고의 지구와 똑같은 것을 만들어 거기서 무엇이 일어나는지 생명의 탄생까지의 사건, 즉 '화학 진화' 과정을 관찰해 보려는 방법이다. 여기서는 처음 생각에 따른 연구를 간단히 소개하고 그 후부터는 화학 진화의 실험 연구로 이야기를 전개해 나가기로 한다.

'생명의 기원'에 관한 연구 방법 중 화석을 조사하는 방법은 보다 실증적이라는 특징이 있다. 그러나 반면에 태고 시대의 기록일수록 입수하기 어렵고 반드시 모든 생물이나 생물체 전체가 보존되어 있는 것도 아니라는 결점이 있어 현재로서는 아직도 이 방법으로 알 수 있는 범위는 한정되어 있다.

화석은, 말하자면 지구 생물을 생각하는 데 있어서 과거의 역사를 기록한 '고문서(古文書)'로서 생물 진화의 흐름은 화석이라는 고문서를 해석하여 조사되고 있다는 것은 잘 알려진 사실이다. 이 방법에 의하여 100만 년 전 태곳적에 최초의 인류가 출현한 사실이라든지, 실물은 누구도 본 일이 없지만 공룡의 세계가 약 2억 년 전부터 6,000만 년 전에 걸쳐 계속되었다는 것, 그리고 공룡의 모습도 재현할 수 있게 되었다.

가장 오래된 동물의 기록은 약 6억 년 전 것으로 지질연대로 말하면 전캄브리아기 후기의 환형동물(갯지렁이 등), 자포동물(해파리 등) 등의 화석이다. 이것은 물론 하등동물이지만 보다 더 하등동물이 그 이전에 있었다고 생각되므로 적어도 동물의 기원은 지금부터 6억 년보다도 더 이전의 일이라고 결론지을 수 있다.

조금 더 오래된 화석의 세계로 거슬러 올라가 보면 단세포만의 세계에 이르게 된다. 다세포생물의 출현 시기는 약 8억 년 전의 기록이 가장 오래된 것으로 생각된다. 이보다 옛날은 단세포만의 세계였다는 이야기가 된다.

지구의 이력서

여기서 일단 지구의 현재까지의 역사를 지질학적 입장에서 살펴보기로 하자. 지구의 연대 구분은 고생물학과 지질의 층위학(層位學)에 입각하여 다음 〈그림 6〉과 같이 정해져 있다. 한눈으로 알 수 있듯이 지구의 역사 중 새로운 쪽의 8분의 1 정도가 자세히 분류되어 있을 뿐이고, 나머지 대부분은 전캄브리아대라고 일괄하여 불러 왔다. 그러므로 조금 전까지만 해도 아무것도 모르는 시대였다.

그 이유는 현재로부터 약 6억 년 전을 경계로 하여 그보다 새로운 시

화석의 기록

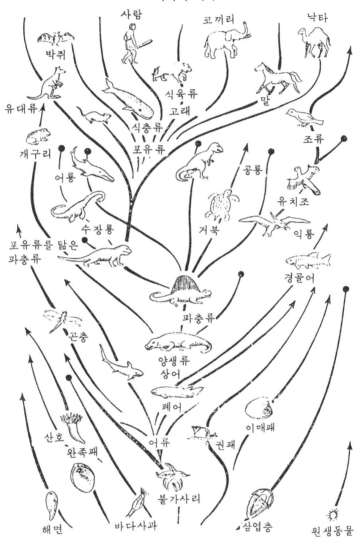

사람
코끼리
낙타
박쥐
유대류
식육류
고래
식충류
말
조류
개구리
어룡
포유류
공룡
유치조
수장룡
거북
익룡
포유류를 닮은
파충류
경골어
곤충
파충류
양서류
상어
폐어
산호
완족패
이매패
권패
해면
불가사리
바다사과
삼엽충
원생동물

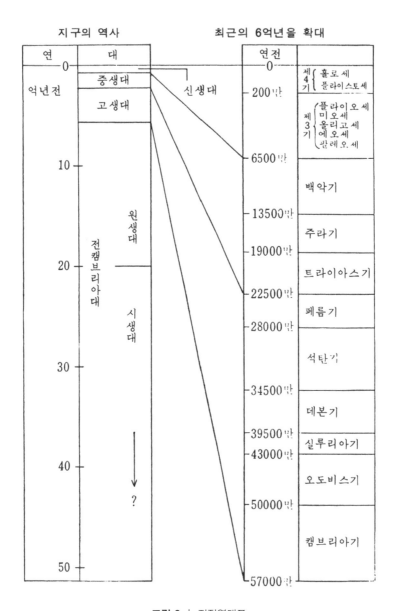

그림 6 | 지질연대표

대에는 화석의 기록이 급증하고 있는 데 반해 그보다 전 시대의 화석은 거의 발견되지 않았기 때문이다.

일반적으로 전캄브리아대는 다시 원생대 후기, 원생대 중기, 원생대 초기, 시생대로 세분하는데, 이러한 분류에 대해 각각 다른 의견을 제기하는 사람도 있다. 〈그림 6〉에는 최근의 6억 년 정도, 그중에서도 1억 년 나머지를 크게 확대하여 우측에 나타냈다. 그리고 다시 그 우측에는 생물 진화의 모양을 그림으로 나타냈다. 우리는 지금 이 그림에서 아래쪽을 향하여 검토하고 있는데 이제부터는 이 그림에서 공백에 가까운 부분, 즉 전캄브리아대를 조금 더 자세히 살펴보기로 하자.

미화석 — 가장 오래된 생물의 기록

단세포생물이 되면 화석의 연구도 어려워진다. 원래 살아 있는 세균을 보려고 해도 육안으로는 볼 수 없고 현미경의 도움이 필요하다. 현미경의 도움을 빌어 세균이나 조류 등 원시적 미생물의 화석을 찾아내는 일은 지금으로부터 약 20년 전에 시작되었는데 이와 같이 육안으로 보이지 않는 미생물의 화석을 '미화석(微化石)'이라고 부르고 있다.

미국과 캐나다 국경에 있는 오대호의 하나인 슈피리어호의 호숫가에는 플린트 혈암(頁巖)이라고 불리는 퇴적암으로 이루어져 있는 지층이 분포되어 있다. 이 지층은 방사성동위원소를 이용하여 조사한 결과 지금으

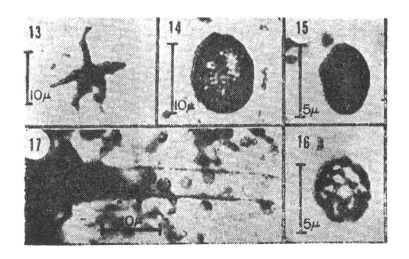

그림 7 | 피그트리층의 박테리아, 조류의 화석

로부터 약 17억 년에서 20억 년 전에 형성된 것으로 되어 있다. 테일러와 배그폰의 지질학자와 고생물학자의 명콤비가 플린트 혈암 중에서 하등식물, 특히 조류의 화석이라고 생각되는 것을 발견한 것이 전캄브리아대에서 미생물의 역사를 알아보는 연구의 시작이 되었다. 플린트 혈암에서는 박테리아로 생각되는 화석도 발견되었다. 이렇게 20억 년 전에 이미 박테리아 외에도 광합성을 할 수 있는 능력을 가진 남조류(藍藻類)가 번식하여 산소의 축적이 시작되고 있었다고 결론지었다.

남아프리카의 에스와티니에 있는 피그트리 혈암이라고 불리는 퇴적암은 31억 년 전의 것으로 연대가 결정되어 있다. 1966년에 배그폰 등은 전자현미경으로 피그트리 혈암 중에서 박테리아의 화석과 남조류로 생각되는 조류의 화석을 발견했다. 또 최근에 이르러서는 피그트리 지층 밑의 온버와크트층에서 구상(球狀)의 남조류이거나 박테리아로 생각되는 미화석이 발견되었다. 이 지층은 당연히 31억 년보다 더 오래된 32억 년 이전의 것이며, 온버와크트층에서 여태까지 발견된 미화석 가운데서 가장 오래된 것으로서 이 지층은 33억 5,000만 년 전인 것으로 되어 있다. 현재까지로는 이것이 지구상에서는 가장 오래된 생물의 기록이 되는 것이다.

우산 모양의 '살아 있는 화석'?

피그트리 혈암 중의 미화석에 비하면 그것보다 10억 년 후의 플린트 혈암 중의 미화석은 수나 종류도 풍부하여 여러 가지 종류의 박테리아나 구상 또는 섬유상의 조류를 포함하고 있다. 화석이 다종다양하다는 것은 그 시대에는 이미 진화가 진행되어 여러 종류의 생물이 번식하고 있었다는 것을 나타내는 것이다. 미화석의 모양의 특징으로부터 이 고대 생물도 분류되고 명명되었는데 박테리아의 일종인 카카베키아 운베라타라는 이름을 가진 것은 마치 우산을 펼친 것 같은 모양을 하고 있는 데서 유래된 것이다.

얼마 뒤 이것과 꼭 닮은 모양을 한 박테리아가 발견되었는데 그것은 진한 암모니아수 속에서 자란다는 별난 성질을 갖고 있다. 이것은 우리

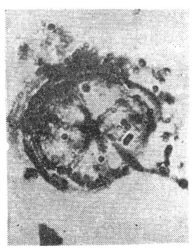

그림 8 | 카카베키아 운베라타(좌)와 현재 살아 있는 같은 모양의 박테리아(우)

마음을 들뜨게 하는 발견이다. 왜냐하면 고대의 바다는 지금과 같이 염분이 많은 것이 아니고 진한 암모니아수였으리라고 생각되기 때문이다. 암모니아수 속에서 자라는 이 우산 모양의 박테리아는 어쩌면 20억 년 전의 지구상에서 번식하고 있었던 카카베키아속의 직접 자손이 아닌지, 만일 그렇다면 20억 년이 라는 긴 세월을 살아온 이 박테리아야말로 '살아 있는 화석'이라는 이름에 적합한 생물이며 우리에게 그 시대의 모습을 전하여 주는 태고로부터의 전달자라는 말이 된다.

피그트리 혈암 중에는 미화석의 종류가 적다. 그것은 30억 년 전 지구에는 극히 한정된 종류의 조류와 박테리아만이 간신히 살고 있었던 것을 나타내는 것이다. 아마 강렬한 자외선을 피하기 위하여 이것들은 얕은 시내 바닥에서 마치 사람의 눈을 피하려는 듯이 살고 있었을 것이다. 눈에 보이는 것은 사막뿐인 육지로서 화초나 수풀도 없고, 바람 소리 외에는 새의 울음소리나 낙엽 지는 소리도 들리지 않는 조용한 세계가 상상된다.

화석을 더듬어 지금 우리는 거의 죽음의 세계라고 말할 수 있는 시대까지 되돌아왔다. 최초의 생명이 지구상에 탄생한 것은 그 후 수억 년 정도 앞선 대체로 지금으로부터 약 35억 년 정도 전의 일이다. 유감스럽게도 온버와크트층보다 더 오래된 기록은 아직 발견되지 않았으므로 나머지 일보라 할 수 있는 곳에서 제자리걸음을 하고 있는 상태이다.

'화학 화석'이라는 새로운 단서

미화석에 대한 연구는 앞에서 기술한 바와 같이 전자현미경을 사용하는 기술 발전에 힘입은 바 크다. 이와 같은 연구가 진행됨에 따라 어차피 눈에 보이지 않는 것을 찾을 바에야 차라리 형태를 찾지 말고 고대 생물체를 만들고 있던 분자가 남아 있는지를 조사하면 어떨까 하는 생각이 들게 되었다. 즉 전자현미경 대신에 화학 분석 기술을 이용하자는 것이다.

이렇게 하여 태고의 퇴적암 중에 남아 있던 생물체에서 유래된 물질로부터 그 당시의 생물의 모습을 조사하는 일이 시작되었고 그러한 물질

그림 9 | 화학 화석에서 생명의 존재를 찾는다

을 '화학 화석'이라고 부르게 되었다. 화학 화석에 대한 연구는 최신의 초미량 분석법의 발전으로써 가능하게 된 것인데 아직도 시작에 불과하다.

보통의 화석이라고 할지라도 대개의 경우는 몸의 연약한 부분은 부서지고 뼈, 이빨, 조개껍질 등과 같이 굳은 조직만이 남아 있듯이 생물체를 만들고 있던 여러 가지 유기물질 가운데는 몇억 년이란 긴 세월 사이에 분해되어 버린 것이 많고, 단지 견고한 분자만이 남았을 것이다.

그렇지만 수십억 년이란 세월이 흘렀고 그동안에 고온, 고압에 드러난 일도 있었기 때문에 원래의 생물체를 만들고 있던 분자 자체가 남는 경우는 비교적 새 암석 중에서뿐이다. 포유류의 화석에는 뼈를 형성하고 있던 단백질의 일부가 남아 있다. 그러나 지금 여기서 문제로 삼고 있는 전캄브리아대의 퇴적암에서는 단백질은 분해되어 그것을 구성하고 있던 아미노산이나 그의 분해물로 되어 있다.

지금까지 고대 암석에서 화학 화석으로 조사되어 있는 화합물은 아미노산과 탄화수소이다. 특히 탄화수소는 우수한 분석 기술이 발전되어 있는 데다 대단히 안정한 화합물이기 때문에 수십억 년이 지난 오래된 암석 중에서도 분자의 화석으로서 남을 것이 기대된다. 이렇게 하여 약 25억 년 전의 수단 혈암 중의 탄화수소가 분석되어 이것이 생물의 유물, 즉 화학 화석일 것이라는 것을 알게 되었다. 아미노산은 20억 년이나 30억 년이라는 기간에는 상당량이 분해되어 버리기 때문에 거기서는 그다지 많은 정보는 얻을 수 없을 것이라고 생각된다.

화학 화석을 조사하여 원래의 생물이 어떤 것이었는지를 상상할 수도 있다. 이것은 마치 추리소설 속에 나오는 명탐정이 극히 적은 증거, 예컨대 발자국 하나로 범인의 신장을 산출해 내는 것과 비슷하다.

예를 들면 피그트리 혈암 중의 탄화수소에서 프리스탄과 피탄이라는 탄소수(炭素數) 19와 20인 탄화수소가 발견되었다. 이 탄화수소가 식물이 광합성을 할 때 중심적인 작용을 하는 엽록소의 분해 산물이라는 것을 생각하면, 단정할 수는 없지만 피그트리 혈암 중에는 광합성 능력을 가진 생물이 존재했음을 상상하게 한다. 실제로 피그트리 혈암 중의 미화석에는 조류로 생각되는 것이 들어 있다. 이렇게 해서 원시적인 조류에 의한 광합성과 그에 따르는 산소의 발생이 적어도 30억 년 전에 이미 시작되었다는 것이 미화석의 연구와 화학 화석 연구에서도 추론되고 있다.

정말 생물의 유기물인가?

화학 화석의 연구에서는 먼저 오래된 암석 중의 유기물이 정말 생물에서 유래된 것인지를 결정해 두는 것이 필요하다. 일반적으로는 탄화수소의 이성질체(異性質體)의 수가 적은 것을 증거로 삼고 있다. 탄화수소, 즉 탄소 사슬에 수소가 결합하고 있는 화합물에서는 탄소와 수소의 수가 같으면서도 화학 구조가 다른 분자, 즉 화학적으로 다른 종류의 탄화수소가 존재한다. 이것을 '이성질체'라고 부른다.

예를 들면 제일 간단한 것으로 부탄 C_4H_{10}에는 그림과 같이 두 종류의

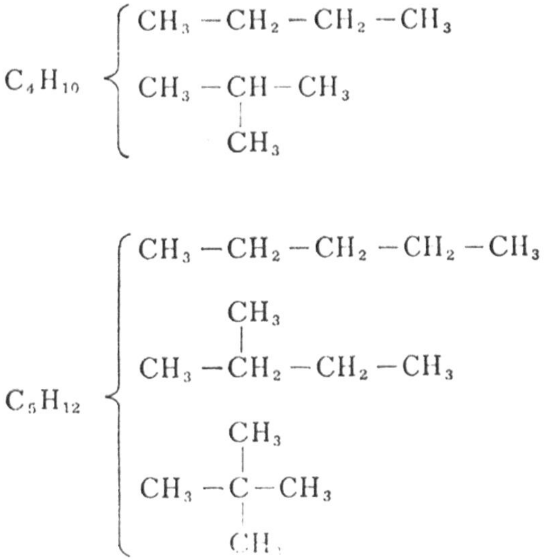

$$C_4H_{10} \begin{cases} CH_3 - CH_2 - CH_2 - CH_3 \\ \\ CH_3 - \underset{\underset{CH_3}{|}}{CH} - CH_3 \end{cases}$$

$$C_5H_{12} \begin{cases} CH_3 - CH_2 - CH_2 - CH_2 - CH_3 \\ \\ CH_3 - \underset{\underset{CH_3}{|}}{CH_2} - CH_2 - CH_3 \\ \\ CH_3 - \underset{\underset{CH_3}{|}}{\overset{\overset{CH_3}{|}}{C}} - CH_3 \end{cases}$$

그림 10 | C_4H_{10}과 C_5H_{12}의 이성질체

이성질체가 존재한다. 탄소가 하나 더 많은 C_5H_{12}에는 세 종류의 이성질체가 있다. 이것보다 탄소수가 많은 화합물에서 이성질체가 늘어나는 것은 일정한 수식에 의해서가 아니다. 탄소수가 19인 $C_{19}H_{40}$에는 무려 10만 종의 이성질체가 존재한다.

생물체가 행하는 화학 반응은 나중에 강조하겠지만 질서 정연한 반응이고 또한 선택적이라는 것을 특징으로 하고 있다. 그래서 10만 종 가운데서 한정된 수의 분자만을 만들 뿐이다. 이에 반하여 카바이드를 산으로 처리하여 탄화수소를 만들 때는 이성질체 중 어느 것이나 다 조금씩 만들어지므로 분석 결과는 한 번 보아도 구별될 수 있을 정도로 차이가 있는 것이 된다(〈그림 11〉 참조). 그래서 탄화수소의 분자종(分子種)의 분포는 생물에서 유래된 것인지 아닌지를 결정하는 하나의 단서로 되어 있다.

탄소수도 하나의 증거가 된다. 생물의 세포 속에 있는 지방산은 탄소 수가 짝수인 것이 압도적으로 많다. 이것은 세포 내에서의 지방산 합성 반응이 탄소 2개를 단위로 하여 행해지기 때문이다. 암석 중의 탄화수소

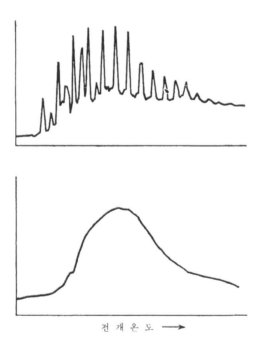

전 개 온 도 ⟶

그림 11 │ 생물 유래의 탄화수소와 무기물의 탄화수소 화석을 함유하는 암석 중의 탄화 수소를 분석하면 거기에는 특정 탄화수소가 많이 들어 있어 가스크로마토그래 피의 패턴은 위 그림과 같이 크고 작은 스파이크가 나온다. 이에 반하여 에탄 의 방전으로나 카바이드를 산으로 처리하여 만든 탄화수소는 무수한 이성질체 로 되어 있는 정글과 같은 상태의 것이 얻어진다. 그 분석 패턴은 아래 그림과 같이 평탄한 언덕 모양이 되어 양자가 구별된다

는 지방산의 분해 반응으로 그 말단의 탄소 하나가 떨어져 나가서 만들어진다고 생각되므로 당연히 홀수인 것이 많을 것이다. 실제로 새로운 암에서는 예상한 대로 탄화수소가 홀수인 것이 많다는 것이 확인되었다. 그래서 탄화수소의 홀수 우위성도 생물 기원의 증거의 하나가 된다. 단 너무나 오래된 암석에서는 홀수 우위성이 붕괴되는 경향이 있다.

이 이외에도 탄소의 동위원소를 측정하는 경우도 많다. 탄소는 질량수 12인 ^{12}C와 질량수 13인 ^{13}C이 소량 존재한다. 식물은 광합성 작용으로 탄산 고정을 행하여 이산화탄소를 유기물로 만들 때 ^{12}C만을 보다 선택적으로 취한다. 그래서 생물체 속의 탄소는 무기물의 탄소보다 ^{12}C를 많이 함유하고 있다. 현재는 천연의 탄산염 암석을 표준으로 하여 ^{12}C와 ^{13}C의 비를 측정하고 그것을 다음 식으로 계산하고 있다.

$$\delta = \frac{(^{13}C/^{12}C)\text{시료} - (^{13}C/^{12}C)\text{표준}}{(^{13}C/^{12}C)} \times 1000$$

생물 기원의 유기물의 δ 값은 ^{12}C가 보다 많이 존재하기 때문에 보통 마이너스 30에서 40 사이고 화석을 함유하고 있는 퇴적암 속의 유기물도 이 범위의 값을 갖는다. δ가 0에 가깝다든지 플러스의 값을 갖는 것은 생물 기원의 유기물이 아니다. 이 방법은 현재 가장 신뢰할 수 있는 판정법으로 생각되고 있다.

암석 중의 아미노산이 L형이거나 L형 우위이면, 이것도 생명 기원의 증거가 된다(아미노산의 광학 활성에 대해서는 제7장에서 취급한다). 그러나 오래된 암석 중에서는 점차 D형으로 전환되어 L형과 D형의 혼합물이 되는 것이 알려져 있다. 그래서 오래된 암석 중에 L형 아미노산이 절대적으로 많으면 생물 기원의 증거라기보다는 다음에 기술하는 현대의 오염의 증거로 보고 있다.

화학 화석을 연구하는 데 있어서 어려운 문제의 하나는 '오염' 문제다. 고대의 퇴적암 중에서 발견한 유기물이 암석을 다루고 있는 사이에 손때가 묻어 더러워졌다든지 먼지가 묻었다든지 하는 일이 없었는지 또는 비교적 최근에 빗물이 스며들었다든지 해서 오늘날의 생물이 만든 유기물이 섞여 들어가지 않았는지를 판정하는 것은 매우 어려운 일이다.

유감스럽게도 '오염'과 진짜 화학 화석을 구별할 수 있는 결정적인 방법은 없다. 다만 앞에서 기술한 생물 유래의 증거를 뒤집어서 생물 유래의 것이라는 너무나 뚜렷한 증거는 오염이 있었던 증거로 취급된다. 예컨대 L형 아미노산이나 홀수 탄화수소의 절대적 우위가 나타날 때이다.

그러므로 고대의 퇴적암을 취급할 때는 아폴로 우주선이 갖고 돌아온 월석(月石)과 같이 신중한 조작하에서 지문은 말할 것도 없고 박테리아 등도 부착되지 않게 특별한 설비가 되어 있는 방에서 분석해야 한다. 그럼에도 불구하고 보고된 화학 화석 몇 개는 '오염'된 것이 아닌가 하는 비판을 받으며 논쟁의 씨앗이 되었다.

제3장

화학 진화의 무대장치

화학 진화 10억 년, 생물 진화 35억 년

화석을 더듬어 감으로써 지금으로부터 32억 년 정도 옛날까지도 되돌아갈 수 있었다. 생명의 기원은 그보다 조금 전인 35억 년 정도의 옛일일 거라는 것까지는 알 수 있었지만 그 이상 옛날로 되돌아가는 것은 기록이 입수되지 않으므로 무리다. 그래서 이번에는 거꾸로 태고의 지구로부터 현재를 향해 진행하는 연구를 알아보기로 한다.

시초의 출발점은 우주가 탄생하는 때가 되겠지만 그것은 너무나도 먼 옛날 일이고 또한 논쟁도 많은 애매한 문제이기 때문에 여기서는 우리가 살고 있는 지구의 탄생부터 이야기를 시작하기로 한다.

모든 것의 시작은 수소—가장 가벼운 원소로부터가 된다. 수소는 오늘날에도 우주 가운데 가장 많이 존재하는 원소다(〈그림 13〉 참조).

고온인 별의 내부 폭발이나 초신성 폭발이 되풀이되는 가운데 수소로부터 헬륨이나 산소, 탄소, 질소 등의 원소가 생성되었고 그보다 더 무거운 원소도 생겨났다. 이것이 여러 가지 원소의 기원이다. 바꾸어 말하면 그것은 우주 진화의 일부분이고 수소 원소가 발전한 결과 생겨난 것들이다.

현재의 태양이 생성되기 이전에도 몇 대의 항성이 탄생해 수명을 마치고 폭발했을 것이다. 오늘날의 태양은 지금으로부터 약 50억 년 정도 이전에 생겨났으리라고 생각된다. 우주의 먼지와 수소를 주성분으로 하는 가스가 회전하면서 응집하여 그 중심에는 태양이, 그리고 먼지와 가스의 일부는 덩어리가 되어 태양의 주위를 도는 행성이 된 것이다. 행성의 기원과 관련해서는 다른 생각도 있어 논쟁은 있지만 어쨌든 지구는 이렇게 해서 탄생한 것이라고 할 수 있다.

지구가 탄생했을 때, 즉 행성으로서의 형태를 갖춘 때는 언제인지, 다시 말해서 지금 지구의 연령은 얼마나 되었느냐 하면 45억 년~50억 년 사이 대략 47억 년 정도일 것으로 추정된다.

화석의 기록으로는 33억 년까지의 것도 얻었다. 또한 화성암 중에서 가장 오래된 것은 약 38억 년이라고 한다. 이 암석으로부터 생물의 기록은 얻을 수 없지만 지구 대지의 역사는 새겨져 있는 셈이므로 결국 지구 역사상에서의 암흑시대는 지구가 탄생한 때로부터 10억 년 정도가 될 것이다. 불행히도 이 시대가 생명의 탄생을 향한 물질 진화, 즉 화학 진화 시대이기도 하다.

앞에서 화석의 기록으로부터 생각하면 최초의 생명이 지구상에 나타난 것은 약 35억 년 전으로 추측된다고 기술했는데 이것이 옳다고 하면 현재까지의 지구 역사 중 암석에서 기록을 얻을 수 없는 최초의 약 10억 년 정도가 생명이 없는 화학 진화의 시대이고 그 이후 약 35억 년이 생물 진화의 시대가 되는 것이다. 지구 49억 년의 역사를 간단히 적어 보면 〈그림 12〉와 같이 나타낼 수 있다.

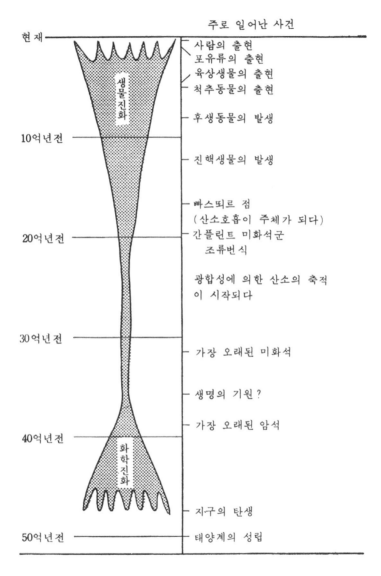

주로 일어난 사건

현재 ─ 사람의 출현
포유류의 출현
육상생물의 출현
척추동물의 출현

후생동물의 발생

10억년전 ─
진핵생물의 발생

빠스띠르 점
(산소호흡이 주체가 되다)
20억년전 ─ 간플린트 미화석군
조류번식

광합성에 의한 산소의 축적
이 시작되다

30억년전 ─ 가장 오래된 미화석

생명의 기원?

가장 오래된 암석
40억년전 ─

지구의 탄생
50억년전 ─ 태양계의 성립

생물진화

화학진화

그림 12 ┃ 지구의 생물사

원 소	지 구	우 주
수 소	2	1000
헬 륨	~0	140
산 소	10	0.7
탄 소	0.0005	0.3
네 온	~0	0.3
질 소	0.003	0.1
마그네슘	0.02	0.03
규 소	0.2	0.02
철	0.02	0.01
아 르 곤	~0	0.004
황	0.0005	0.003

그림 13 | 지구와 우주의 원소 조성(상대비)

수소, 메탄, 암모니아가 많았던 원시 대기

지금으로부터 약 45억 년 전 태어나 얼마 안 된 지구 —이것을 원시 지구라고 부른다 —를 둘러싸고 있던 대기, 즉 원시 대기는 어떤 것이었을까? 가장 최초의 대기는 지구 생성 시대의 가스로서 이것은 우주 공간에서의 원소 분포와 같은 조성을 갖는 가스, 즉 수소나 헬륨을 주체로 하는 것이었는데, 상당히 빨리 도망쳐 버리고 말았다고 생각된다. 그렇다고 하는 것은 만일 이 대기가 남아 있었다면 상당량의 헬륨이 지금까지도 대기 중에 존재하고 있어야 되는데 현실적으로는 매우 극소량밖에 존재하고 있지 않기 때문이다(〈그림 13〉 참조). 이와 같이 빨리 도망친 대기를 '제1차 대기'라고 부르고, 이것에 대신하여 생겨난 지구 내부에서 분출한 가스가 새롭게 지구를 둘러싼 대기—'제2차 대기'라고 부른다—가 되었다. 이 제2차 대기가 어떤 것이었는지에 대해서는 심한 논쟁이 있으며, 아직 일치된 답은 얻지 못하고 있다.

어떤 사람들은 제2차 대기는 기본적으로는 지구 형성 때 지구 내부로 들어간 제1차 대기와 비슷한 조성을 가진 가스가 서서히 방출된 것이라고 생각하고 있다. 그리고 거기에는 대량의 수소가 존재하고 있으므로 다른 원소는 전부 수소와 결합한 분자로서 존재하고 있었을 것이라고 추측한다. 예컨대 질소(N)는 수소(H)와 결합하여 암모니아(NH_3)의 형태로, 탄소(C)는 메탄(CH_4)의 형태로, 그리고 산소(O)는 물(H_2O)의 형태로 존재하고 있었다. 이런 생각을 갖고 있는 대표적인 사람은 미국의 유리다.

유리는 1893년에 태어나 지금도 현역으로 우주의 진화, 지구나 달의 기원, 그리고 화학 진화나 우주 생물학 등에 정열을 기울이고 있다. 그의 업적은 물리과학과 생명과학의 양쪽에 걸쳐 있으며 1934년에는 최초의 안전 동위원소인 중수소를 발견하여 노벨상을 받았으며 원시 대기의 조성을 계산한 최초의 사람이기도 하다.

유리는 현재의 수소가 지구로부터 우주 공간으로 도산하는 도산 속도(逃散 速度, 매분 지구표면 1㎠당 107개의 수소 원자의 비율—지구 대기의 표층에 있는 수소 원자가 브라운 운동에 의하여 지구의 인력을 탈출하고 있다)에서 역산하여 45억 년 전의 수소의 분압을 현재 거의 1,000배인 1만분의 7기압 정도(현재는 1,000만분의 5기압 정도)로 계산했다. 이 값을 기초로 대기 중의 탄소는 거의 전부가 메탄의 형태이고 이산화탄소나 일산화탄소는 무시할 수 있을 정도밖에 존재하지 않는다는 것을 계산해 냈다. 또, 같은 방법으로 많은 양의 질소는 암모니아의 형태로 바다에 녹아 있었으리라고 추정하고 있다. 한마디로 말해서 유리는 원시 대기는 주로 수소, 메탄, 암모니아, 물로 되어 있다고 결론지었다. 유리의 주장은 많은 사람에게 받아들여져서 세계 각지의 대학이나 연구소에서 유리의 계산으로 원시 대기를 플라스크 속에 만들어 원시 시대의 지구의 작은 모형을 조립하는 연구가 활발히 진행되었다. 이 연구 성과에 들어가기 전에 원시 대기에 관한 또 다른 생각을 조금 더 소개하기로 한다.

지구의 대기는 두 번 크게 변했다

유리 등, 수소가 많은 환원성 대기에 반대 의견을 갖고 있는 사람들은 원시 대기는 그다지 환원(물질과 수소가 결합하고 있는 것)적인 것은 아니었을 것이라고 주장하고 있다. 예컨대 오늘날 화산의 분출 가스와 같은 조성이었을 것이라고 주장하고 있는 사람도 있다. 그렇게 되면 주성분은 이산화탄소, 일산화탄소, 질소 가스, 약간의 수소와 수증기가 된다. 그리고 어떤 사람은 중간형의 생각으로 제2차 원시 대기는 조성이 점차 변화된 것으로서 처음에는 유리의 생각처럼 메탄, 암모니아가 많았으나 점차 화산 가스에 가까운 것으로 대치되어 갔다고 생각하고 있다.

원시 대기가 어떤 것이었는지는 이와 같이 논쟁이 활발히 행해지고 있는 상태이며 어느 것이든 결정적인 증거를 갖고 있지 못하기 때문에 어느 의견이 맞는 것인지는 판정할 수 없다. 다만 수소 가스나 메탄과 같은 환원형의 분자는 이산화탄소나 질소 등의 산화형 분자보다는 가벼운 것이기 때문에 지구권에서 더 빨리 우주 공간으로 도망치는 경향이 있다. 또한 물의 분자는 강력한 태양의 빛을 받아 다음 식과 같이 수소와 산소로 분해되어 수소는 도망치고 산소만 남긴다.

$$2H_2O \rightarrow O_2 + 2H_2$$

이처럼 대기가 점차 산화형으로 바뀌어 갔다고 하는 것은 있을 법한 일이다. 어떻든 대기의 조성은 조금씩 변화해 갔을 것이다.

여기서 대기의 변화에 대하여 조금 더 생각해 두기로 한다. 현재까지 지구권의 대기는 두 번 급격한 변화를 겪었고 지금 세 번째 변화 가능성 (인류로서는 중대한 위기이기는 하지만)을 맞이하고 있다고 말해도 좋을 것이다. 첫 번째는 지금까지 생각해 온 것처럼 원시 지구가 만들어진 직후로 지구가 만들어질 때 그 주위에 있던 가스, 즉 제1차 대기가 우주 공간으로 도망쳐 버리고 지각 속에서 방출되는 제2차 대기가 이것을 대신하던 때이다.

이때는 물론 생명은 존재하고 있지 않았다. 이 제2차 대기야말로 지구 생명이 탄생되는 모체였다. 그 후 제2차 대기가 서서히 산화형으로 변화되어 갔다고 하더라도 그 변화는 천천히 일어났고 산소가 축적되었다고 치더라도 조금밖에 안 되었으리라고 생각된다.

오늘날과 같이 산소가 풍부하게 존재하고 있는 대기―이것이 제3차 대기이다―가 생겨난 것은 생물이 작용한 결과다. 제2차 대기 중에서 탄생한 원시 생명은 점차 고차인 것, 복잡한 것으로 진화하여 드디어 광합성 기능을 가진 생물에 이르게 되었다. 먼저 원시적인 조류가 출현하여 광합성을 한 결과 이산화탄소는 흡수되고 산소가 방출되었다. 대개 화석을 보면 상상할 수 있듯이 조류는 급속히 번식하여 그 당시의 '지구의 지배자'였던 게 틀림없다. 그렇게 되자 산소의 축적도 이에 수반하여 갑자기 늘어나기 시작했다.

'파스퇴르 점'을 넘어 산소 호흡으로

대기는 이렇게 해서 제3의 것으로 탈피해 간 것이지만, 이때 지구의 생명은 중대한 위기를 맞게 되었다. 그때까지 산소에 그다지 접촉하지 않고 있던 생물에게 산소는 강력한 독성물질이었다. 지금도 일부 하등 박테리아에게 산소는 치명적인 독성물질이다. 그러나 생물은 산소에 대한 해독 기구를 갖고 다시 적극적으로 산소를 이용하여 산소 호흡을 할 수 있는 것으로 진화하여 이 변혁의 시대를 넘겼다. 물론 일부의 생물은 이 시대에 죽어 버렸을 것이다. 산소의 축적량이 현재 양의 1%에 달했던 시기를 '파스퇴르 점'이라고 부르고 이때부터 산소 호흡이 시작되었다고 추측하고 있다. 이때가 지금으로부터 15억~20억 년 전이라고 생각하고 있다.

산소 호흡을 배움으로써 생물은 능률적으로 에너지를 획득할 수 있게 되었고 이 일이 고등동물로의 진화를 가능하게 했다. 또한 축적된 산소는 대기권의 상부에 오존층을 만들어 냈고 태양으로부터의 강력한 자외선은 이 오존층에 흡수되어 지상에는 적은 양밖에 도달하지 못하게 되었다. 이렇게 해서 자외선에 대한 하늘의 방파제가 만들어졌고 생물은 물속에서 나와 직접 태양의 복사를 받을 수 있는 지상에서의 생활이 가능하게 되어 지금으로부터 4억 년 전 육상에 동물이 진출하게 되었다. 산소의 축적이 진행되어 동물에게는 육상이 생활하는 데 충분히 안전한 장소로 바뀌었기 때문이다. 산소의 출현은 한때 생물에게는 위기였으나 그것을 극복하고 나서는 여분의 에너지를 이용하여 지상에 생활권을 넓히는 것을 가능하게 하여 생물의 진화, 종의 분화를 현저히 촉진하게 했던 것이다. 이 사실은 화석에서 얻은 역사와 잘 맞아 들어갔다.

산소의 축적이 늘어나 대기 중의 산소 농도가 현재의 10%에 달한 것은 암석의 분석 결과 등으로부터 대체로 캄브리아대에서 전캄브리아대의 후기에 이르는 5억~8억 년 전이라 추정되는데, 바로 이것과 때를 맞추어 화석의 수나 종류도 폭발적으로 증가하고 있다.

산소를 많이 함유하고 있는 제3차 대기의 출현 전후의 모습을 다른 말로 표현하면 다음과 같다. 생물은 지구의 환경에 지배되고 그것에 적응되도록 진화하지만 한편에서 생물은 지구 환경을 변화시킨다. 그리고 변

그림 14 | 오존이 생물의 상륙을 가능하게 했다

화된 새 환경은 새로운 종의 출현으로 생물의 진화를 촉진한다. 생물과 환경의 관계는 상호작용이지 주종 관계에 있는 것은 아니다. 산소가 풍부한 제3차 대기는 생물로 하여금 에너지 획득을 쉽게 하여 보다 고도의 생물로 진화하는 것이 가능하다. 그러므로 마침내 우수한 두뇌를 가진 인간이 출현하게 되었다.

사람은 바로 지구의 지배자가 되었고 그 활동은 지구 환경에도 큰 영향력을 갖게 되었다. 특히 산업혁명 이후의 활동은 환경을 급격하게 변화시켰다. 과거 수십만 년간 거의 일정한 조성을 가졌던 대기는 이 때문에 점차로 변화되어 가고 있다. 예컨대 이산화탄소의 양이 늘어나고 있는데 그 원인의 하나는 석유나 석탄 등 지하에 매장된 탄소원을 태워 이산화탄소의 형태로 대기 중에 방출했기 때문이다. 동시에 광합성을 통해 이산화탄소를 흡수하여 대기 중의 이산화탄소량의 균형을 유지하는 데 역할을 다해 온 대산림을 베어 개척을 추진한 데도 기인한다. 어느 쪽이든지 넓은 의미에서는 사람이라는 생물의 활동의 결과다.

제3의 대기에서 진화해 온 사람은 느리게 변화하며 안정적으로 존재하고 있던 대기를 파괴하기 시작했다. 적어도 생물의 진화의 척도로서는 짧은 기간에 대기 속에 '오염물질'이라는 새로운 성분을 가한다든지 조성을 변화시켜 제4의 대기로 변화시킬 위험을 맞고 있다.

제3의 대기가 출현했을 때와 같이 사람을 포함한 지구상의 생물로서는 그 생존에 있어서 위기이기는 하지만 이번에는 사람의 지혜를 동원하여 이 문제를 극복하게 될 것이다. 인간은 지금 환경 보존의 중요성을 인식하게 되었고 해결을 모색하기 위해서 진지하게 노력을 기울이기 시작했기 때문이다.

생명을 탄생시키기 위한 에너지

원시 대기의 성분인 메탄, 암모니아, 물 또는 일산화탄소라든지 이산화탄소가 지구상에서 생명이 만들어지는 데 있어서 원재료였던 것은 틀림이 없다. 어쨌든 원시 지구에서는 그것 이외에 재료가 될 수 있는 것은 없었기 때문이다. 이 물질들이 서로 반응하여 먼저 간단한 유기물—예컨대 당이나 아미노산—을 만들어 내는 반응이 일어난 것이 원시 지구상의 생명을 향해 발을 내디딘 제1보였다.

단 원시 대기를 구성하고 있는 분자, 예를 들면 메탄이나 암모니아를 단순히 혼합하는 것만으로는 아무런 반응도 일어나지 않는다. 거기에서 생명과 관계가 있는 화합물이 생기는 반응이 일어나기 위하여서는 외부에서 에너지를 가해 주지 않으면 안 된다. 원시 지구상에서는 어떤 에너지가 얻어졌을까?

원시 지구상에서 얻었다고 생각되는 에너지의 종류와 그 크기를 정리해 보면 〈그림 15〉와 같다. 더구나 최근에는 에너지를 나타내는 단위로 종래 일반적으로 사용되고 있는 칼로리 대신에 줄로 하자는 국제적인 약속이 있다. 그러나 여기서는 아직 새로운 줄은 충분히 지켜져 있지 않기 때문에 줄을 사용하지 않고 칼로리를 그대로 쓰기로 했다. 그림에 나타나 있는 에너지 하나하나에 대하여 조금 더 구체적으로 알아보기로 한다.

지금 우리가 문제로 하고 있는 40억 년 전의 지구를 생각하면 태양의 복사는 오늘날과 그다지 큰 차이가 없었다고 생각된다. 그렇다면 오늘날과 같이 태양 에너지는 가장 크고 또한 안전한 에너지원이었다.

이 시대에는 산소에 의하여 차단되는 일은 없었으므로 특히 파장이 짧은 150nm(nm는 100만분의 1mm) 이하의 자외선까지도 지표에 도달할 수 있었다.

그림에서도 알 수 있듯이 태양의 에너지는 막대한 것이기는 하지만 에너지의 크기는 원시 지구상에서의 화학 반응, 다시 말해서 생명의 탄생에는 직접 관계가 없다. 오히려 그 에너지가 어떻게 유효하게 이용되는가가 문제다.

에너지원	양·10^{2n}칼로리/1년당
태양 { 전 복사	13000
태양 { 200nm 이하의 자외선	4.5
방사선(주로 ^{40}K)	1.2
우주선	0.001 이하
화산활동	0.04
번개	0.05
운석	0.05

그림 15 | 화학 진화를 촉진시킨 에너지원

메탄이나 암모니아와 같은 분자는 가시광선이나 파장이 비교적 긴 자외선으로는 활성화되는 일이 없기 때문에, 아무리 많은 에너지를 운반해 와도 원시 지구상의 화학 반응에는 그다지 많은 기여를 하지 못한다. 이에 반해 200nm 이하의 짧은 파장을 가진 자외선은 메탄, 암모니아, 물의 분자를 활성화(화학적으로 반응하기 쉽게 하는 것)하든지 분해하든지 하므로 화학 진화상에서 큰 역할을 달성했을 것이다.

번개나 운석 낙하가 중요한 역할

방사선 에너지는 현재의 지표에 존재하는 대표적인 방사성 원소인 칼륨 40(^{40}K)의 양으로부터 역산하여 구하고 있다. 방사성 원소 ^{40}K은 대략 13억 년 걸려 약 반의 방사선을 내고 붕괴해 가므로(반감기 13억 년) 지금으로부터 13억 년 전은 현재의 2배, 26억 년 전은 4배라는 간단한 방법으로 옛날의 존재량이 산출된다. 지구 내부에는 더 많은 방사성 원소가 존재하지만 원시 대기와 접촉할 수 있는 것은 지표상의 것에 한정되므로 여기서는 지구 내부의 것은 고려하지 않는다.

우주 저쪽으로부터는 태양의 복사 이외에도 고에너지의 각종 우주선이 지표에 조사되고 있다. 하나하나의 우주선 입자가 갖는 에너지는 대단히 높지만, 전체량은 그림에서도 알 수 있듯이 그다지 큰 값은 아니다.

번개, 조금 더 물리적인 말로 표현하면 방전은 화학 진화상에서 중요한 에너지원의 하나였다고 생각된다. 총 에너지양은 태양의 복사에 비해 훨씬 적지만 방전 현상은 원시 대기권의 저공에서 일어나 부분적으로 고온이 되어 화학 반응을 촉진하고, 자외선도 방출한다. 이와 같이 에너지의 종류가 다른 것이 동시에 작용한다는 것도 번개의 에너지가 원시 지구상에서 유효한 에너지원의 하나였다는 것을 추측하게 하는 근거로 꼽을 수 있을 것이다.

화산 활동도 원시 지구상에서는 현재보다는 활발했다고 생각할 수 있다. 그러나 정확히 어느 정도 양의 에너지를 공급했는지 계산하는 것은 어렵다. 그림에 나와 있는 에너지값은 대개 그 정도였을 것이라는 추측이다.

운석을 원시 지구상의 에너지원으로 생각하게 된 것은 극히 최근의 일이다. 생각의 실마리는 인간 위성선의 지구 귀환에서였다. 여러분 가운데도 수년 전 인간을 태운 우주선이 지구를 돌고 되돌아왔을 때 지구의 대기권을 돌입하고 나서 잠시 동안 통신이 끊겨져 지켜보고 있던 사람들을 걱정하게 했던 일을 기억하고 있는 사람이 있을 것이다.

이는 대기와의 마찰열이 너무나 커서 대기를 구성하고 있는 분자가 이온화하여 우주선의 주변을 둘러싸서, 소위 전기적으로 단락된 상태가 만들어지므로 통신이 불가능하게 된 것이다.

이 이유를 알게 된 것이 암시가 되어, 그렇다면 원시 대기 속에 운석이 돌입하면 마찰로 인해 주변의 가스를 활성화할 것이라는 생각을 하게 된 것이다. 다만 원시 지구상에 어느 정도의 운석이 쏟아졌는지는 정확히 알 수 없다. 우리가 문제로 하고 있는 화학 진화의 시대―즉 태양계가 성립하여 최초의 10억 년 정도 사이에는 운석의 양도 지금보다는 훨씬 많았을지도 모른다. 결국 그림에 나와 있는 값은 대략적인 추측이다.

그림 16 | 번개도 원시 지구상에서의 화학 반응을 촉진했다

만들어진 화합물이 분해되지 않는 조건이 불가결

이처럼 원시 지구상에서는 여러 가지 에너지를 얻을 수가 있었다. 메탄이나 암모니아가 반응하여 생체를 생산해 내는 데는 이들 중에서 한 종류의 에너지만 주어지면 족하다고 할 수 있지 않을까. 종류가 다른 에너지는 다른 반응을 일으켜, 이렇게 만들어지는 화합물의 종류는 늘어나게 된다. 몇 가지 종류의 에너지 조립이 원시 지구상에서의 화학 반응을 다채롭게 했을 것이다.

또 하나 에너지 문제로 생각해 두지 않으면 안 될 것은 '보호' 문제다. 에너지를 가하면 분자는 활성화된다. 즉 화학 반응이 일어나기 쉽다. 그러나 반드시 '생산적'인 방향으로만 반응이 일어나는 것은 아니고, 일단 만들어진 화합물이 파괴되는 '분해'도 일어난다.

이렇게 해서 만일 에너지를 계속 주면 합성과 분해의 양쪽이 일어나서 반응은 그 양쪽의 균형이 이루어지는 곳, 물리화학의 용어를 쓰면, '평형'점에서 정지하고 만다. 그런데 균형이 이루어지는 점은 일반적으로 분해하는 쪽으로 기울어지는 경향이 있다.

예를 들면 메탄, 암모니아와 물 분자로부터 단백질을 구성하는 아미노산의 하나인 글리신이 만들어지는 반응에서는 분해와 합성의 균형은 글리신이 분해되어 메탄이나 암모니아가 만들어지는 쪽으로 많이 기울어져 있다. 반응이 종결되었을 때 메탄과 글리신의 비율은 1조의 1조 배의 또 1조 배 대 1 정도다. 아무튼 극히 소량의 글리신이 만들어진 점에서 반응은 정지하고 만다.

　이것을 계속 합성하려면, 반응하고 있는 옆에서 생성물을 어디든 분해 반응이 일어나지 않는 안전한 장소에 옮겨 놓든지, 에너지의 공급을 중지할 필요가 있다. 비에 녹아 바닷속으로 이동하는 것도, 바람에 날려 어느 곳인가로 운반되는 것도 '분해 반응'에서 생성물을 보호하는 수단이 되었을 것이다. 또한 번개나 운석, 우주선과 같이 짧은 시간만 방출되는 에너지는 특별한 보호 기구가 없어도 생산적인 반응을 일으켰을 것이다.

제4장

원시 유기물로의 진화

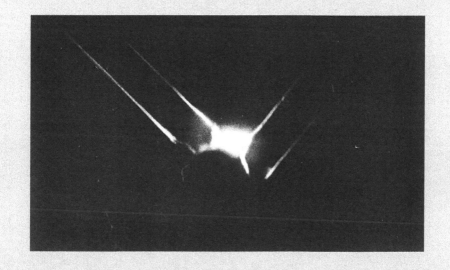

원시 지구의 모형을 만들다

원시 지구상에서 일어나는 반응의 재료는 주로 원시 대기의 구성 성분이지만 거기에는 여러 가지 설이 있다는 것은 이미 설명했고 또한 반응을 일으키는 에너지원으로서는 어떤 것이 생각될 수 있는가도 생각해 보았다. 지금부터 조사하려고 하는 것은 그러면 어떤 반응이 일어나 무엇이 만들어지는가 하는 문제다. 드디어 원시 지구상에서의 화학 진화의 제1단계로 들어가는 셈이다.

어떤 반응이 일어나는가는 상상하는 것이 아니고 실제로 원시 대기와 비슷한 기체 혼합물을 플라스크 속에 만들고, 여기에 에너지를 공급하여 반응을 추적해 보면 된다. 즉 작은 원시 지구의 모형을 실험실 내에 만들어 거기서 어떤 일이 일어나는가를 조사하는 '모형실험'을 해 보는 일이다.

그런데 오파린이나 홀데인이 원시 대기의 성분을 서로 반응시켜 생명의 탄생에 도달하는 화학 진화에 관한 생각을 발표했는데도 불구하고 그로부터 25년이 지나는 와중에 누구 하나 이러한 실험을 해보려 하지 않았다. 그 이유의 하나는 원시 지구의 모습이나 원시 대기의 성분, 그리고 에너지원 등이 오늘날과 같이 잘 알려져 있지 않았기 때문이다. 더 큰 이유는 누구도 실험실 내의 간단한 장치로 지구라는 넓은 무대에서 수억 년이나 걸린 화학 진화의 과정을 알 수 있으리라고는 꿈에도 생각하지 못했기 때문이다.

원래 생명은 신비적인 것으로서 '생명력'이 깃들고 있다는 생기론(生

氣論)적인 고찰 방법이 중세를 통하여 유력했고, 그것이 그 후에 부정된 것처럼 보였지만 그것은 아직도 과학자들 사이에서 모양을 달리하며 끈기 있게 남아 있었다는 것인지도 모른다.

잘 알려져 있는 바와 같이 19세기 중반까지는, 유기화합물도 '생명력'의 도움을 받지 않고서는 합성될 수 없다고 믿고 있었다. 이 생각을 뒤엎은 것은 뵐러로, 그는 무기물인 시안산암모늄을 재료로 하여 유기화합물인 요소를 합성하여 유기물이나 무기물이 본질적으로 다를 것이 없다는 것을 보여 주었다. 그로부터 100년 가까이 지났는데도 생명의 탄생을 향한 화학 반응을, 설사 그 시초의 일부만이라도 실험실에서 재현할 수 있을 것이라고 생각을 갖는 데 저항이 있었다.

유리-밀러의 실험

최초의 원시 지구 모형실험이라고 할 수 있는 것은 1950년에 캘리포니아대학 버클리 분교에서 사이클로트론을 이용하여 실시되었다. 이 실험은 식물의 광합성 과정의 연구로 노벨상을 받은 바 있는 고명한 생화학자 칼빈의 지도하에서 행해졌다. 캘리포니아대학의 연구자들은 이산화탄소와 수소의 혼합기체에 철을 함유하고 있는 물을 함께 섞어 여기에 가속된 입자(헬륨의 원자핵)를 충돌시켰다. 그 결과 반응이 일어나 아세트산 등의 유기물이 생겨나는 것을 알았다.

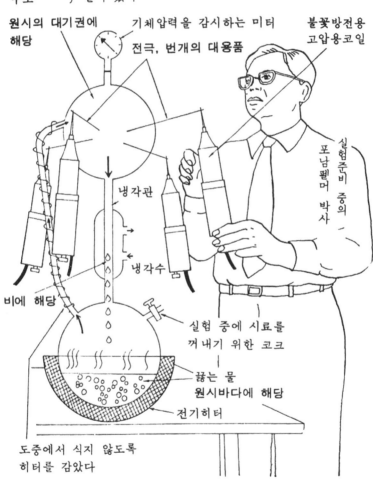

원시대기로서
메탄
암모니아 ⎫의 혼합가스가
수소 ⎭ 들어 있다

원시의 대기권에
해당

기체압력을 감시하는 미터

전극, 번개의 대용품

불꽃방전용
고압용코일

실험준비 중의
포남펠머 박사

냉각관

냉각수

비에 해당

실험 중에 시료를
꺼내기 위한 코크

끓는 물
원시바다에 해당

전기히터

도중에서 식지 않도록
히터를 감았다

그림 17 | 원시 지구 모형실험(사진은 포남펠머 박사)

이 실험에서는 원시 지구상에서 얻을 수 있는 에너지 중 방사선, 우주선 대신에 고속도의 입자를 사용했고, 원시 대기로서는 이산화탄소와 수소의 혼합물을 사용했다. 이것은 원시 대기의 모형으로서는 암모니아 등의 질소원이 결여되어 있어 그렇게 비슷하다고는 말할 수 없다. 그 결과 반응 생성물 중에는 아미노산 등의 질소를 함유한, 생체와 특별히 관계가 깊은 화합물이 만들어질 수 없다는 결점이 있었다. 결국 그 당시는 사람의 주목도 끌지 못하고 끝이 나고 말았다.

2년 정도 후에 당시 시카고대학에 있던 유리의 연구실에 학부를 갓 졸업한 밀러라는 청년이 대학원생으로 배속되어 왔다. 밀러는 유리의 지도하에서 유리가 계산한 원시 대기의 조성을 기초로 하여 원시 지구의 모형을 만들어 거기서 일어나는 반응을 조사하는 것을 연구 테마로 희망한 것이다.

유리의 생각에 따라 밀러는 플라스크 속에 메탄, 암모니아, 수소의 혼합가스와 물을 넣고 플라스크 내에서 방전을 일으켰다. 밀러가 조립한 실험 장치는 후에 '밀러 장치'라고 불리며 유명해졌는데 그 하나의 예를 사진과 도해로 나타냈다(그림 17).

사진은 오늘날 이 방면의 연구에서 제1인자의 한 사람인 포남펠머 박사(메릴랜드대학)가 장치를 사용하고 있는 모습이다. 이 장치는 밀러가 조립한 것을 조금 개량한 것으로 모양은 약간 차이가 있으나 장치 그 자체의 기본적인 고찰 방법에서는 같다.

상부의 둥근 플라스크 속에는 공기를 빼고 대신 메탄, 암모니아, 그리고 수소 가스를 혼합하여 넣었다. 이것이 원시 지구로 말하자면 대기권이다. 아래 플라스크에는 물이 들어 있다. 이를테면 원시 해양이다. 위 플라스크의 중앙에는 4개의 금속 침이 수 ㎝의 간격을 두고 마주 보고 있는데 여기에는 고압의 전기가 걸려 상호 간에 빠짝빠짝 소리를 내면서 불꽃 방전이 일어나게 조립되어 있다. 이것이 원시 대기권 중에서 일어난 번개의 대용품이다.

아래에 있는 플라스크는 히터에 의해 가열되므로 속의 물은 끓어서 수증기가 열의 유리관을 통해 올라가 위의 플라스크에 들어가게 된다. 수증기의 일부도 또한 방전 에너지를 받아 반응에 참여하지만, 동시에 방전으로 생성된 반응 생성물을 씻어 내기도 한다.

수증기는 상하 플라스크를 연결하고 있는 냉각관 속에서 물방울이 된다. 즉 비가 되어서 아래에 있는 해양에 쏟아져 내린다. 이때 앞의 반응 생성물이 녹게 된다. 반응물은 이렇게 해서 고에너지를 받아 분해 반응의 위험성이 있는 방전 장소로부터 안전한 바닷속으로 이동하게 된다.

불꽃 방전이 일어나고 있는 장소는 강한 자외선을 내놓고 있으면서 (현실 세계에서는 번갯불에 해당한다) 또 고온이기도 하다. 여기에서 메탄, 암모니아, 그리고 물 분자는 활성화되어 서로 반응하기 쉬운 상태가 된다.

밀러는 이와 같은 장치를 만들어 바다에 해당되는 장소, 〈그림 17〉의 아래에 있는 플라스크의 수중에서 글리신이나 글루탐산 등의 아미노산을 비롯하여 약간의 생물체와 관계가 깊은 유기물을 발견했다. 이렇게 실험실 내에서 원시 지구상의 반응을 재현했고, 생각보다 간단히 아미노산과 같은 생체 구성분이 만들어진다는 것을 증명했다.

예상 외로 간단히 ……

이 실험은 당시의 과학자들에게 충격을 주어 단번에 유명해졌고, 그 후 이와 같은 실험 연구를 '유리-밀러 실험'이라고 부르게 되었다. 모두가 깜짝 놀란 것은 아미노산이 이렇게 간단한 방법으로 합성된 사실이다.

당시는 오파린이나 홀데인의 생각이 발표된 지 이미 30년 가까이 되었고, 오파린 등의 화학 진화의 이론도 일반적으로 받아들여지고 있었던 때이다. 그러나 원시 대기가 서로 반응하여 아미노산과 같은 물질로 변화되는 반응은 몇천만 년, 아니 그 이상의 길고 긴 시간에 걸쳐 조금씩 일어난 것이기 때문에 실험실에서는 도저히 검출될 수 없는 것으로 생각하고 있었다.

뵐러 이후 유기합성화학은 눈부신 발전을 이룩하여 화학자들은 여러 가지 복잡한 화합물을 합성하는 기술을 알고 있었다. 그러나 아미노산 정도의 화합물일지라도 인공적으로 합성하려고 하면 단지 원료를 섞어 놓기만 한다든지 그것에 가까운 간단한 법으로는 합성되지 않는 복잡한 조작이 필요하다고 생각하고 있었다.

조금 과장하여 말한다면 메탄과 같은 재료로 아미노산을 합성하려고 하면 유능한 유기화학자가 교묘한 생각과 계획, 그리고 익숙한 솜씨로 전력을 다할 필요가 있다고 생각하고 있었다. 많은 사람이 원시 대기 모형에서 방전을 시킨다든지 자외선을 쪼여 오파린의 이론을 증명하려고 해도 검출할 수 없을 정도의 소량의 아미노산밖에 만들어지지 않고 헛된 노력을 들이는 결과가 될 것이라고 상상하고 있었다.

이렇게 일반적인 예상을 뒤엎고 유리와 밀러는 원시 지구상에서 대기를 구성하고 있는 메탄 등의 간단한 화합물에 적당한 에너지만 주면 단시간 내에 아미노산 등이 합성되고, 그것은 지표나 해양 속에 축적되어 갔을 거라는 것을 실험적으로 증명하는 데 성공했다.

유리와 밀러는 그 후 캘리포니아대학 라호야 분교로 자리를 옮겨 화학 진화의 연구에 열중했다. 여담이지만 유리는 "사람들은 유리-밀러의 실험이라 부르고는 있지만 실험의 구체적인 사항은 모두 밀러의 창의와 구상에 의한 것이기 때문에 밀러의 실험이라 불러야 한다."라고 말하며 제자인 밀러를 칭찬하고 있다.

아미노산에서 핵산, 비타민의 구성 요소까지

밀러 등의 실험이 처음 발표되자 곧 세계 몇몇 과학자들은 그 성과에 매혹되어 여러 가지로 조건을 바꾼다든지 장치에 약간의 개량을 첨가한다든지 하여 같은 종류의 실험을 행하게 되었다. 예를 들면 원시 대기의 조성을 유리가 주장하는 메탄, 암모니아, 수소 대신 다른 사람들의 학설에 따라 바꾸어 본다든지 다른 에너지를 준다든지 하여 반응 생성물이 어떻게 변하는지를 검토했다.

칼빈 등은 개량해서 암모니아를 가한 원시 대기 모형을 만들어 여기에 선을 쪼여서 실험을 행했다. 선은 원시 시대에는 많이 존재하고 있었을 것으로 생각되는 방사성 칼륨이 방출하는 방사선인 까닭에 이 실험은 유리-밀러 실험의 번개 대신에 방사선 에너지의 작용을 조사한 것이 된다. 칼빈 등은 이 실험에서 아미노산 외에도 핵산이나 비타민류의 구성 요소로 되어 있는 아데닌이라는 염기를 발견했다.

러시아에서도 델레닌이나 바신스키 등이 강력한 자외선을 쪼인다든지 방전을 시켜 밀러 등의 실험에다 새로운 발견을 첨가했다. 1960년대에 들어서면서 미국, 일본, 유럽의 각 나라와 인도의 각 대학 및 연구소에서는 유리-밀러의 실험 및 그것에 유사한 연구가 활발하게 진행되었다.

실험 연구가 활발해지고, 또한 조건을 여러 가지로 선정함에 따라 생물을 구성하는 기본 물질은 거의 다 합성할 수 있음이 증명되었다고 해도 좋을 것이다. 물론 학문 세계의 일이기 때문에 하나하나의 실험에 대하여 구체적인 점까지 비판되고, 어떤 사람의 실험에 대해 다른 사람들이 강력하게 반대를 한다는 것이 조금도 이상한 일은 아니다.

많은 경우에 있어서 설정한 실험 조건이 정말 원시 지구의 환경인지 어떤지 하는 점들이 문제가 된다. 그래서 '○○ 박사는 XX이라는 화합물이 원시 지구상에서 합성되는 반응을 발견하고 증명했다고 말하고는 있

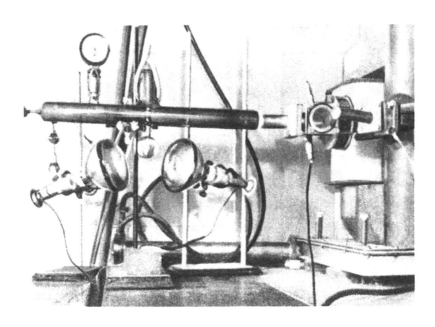

그림 18 | 에너지원에 β선을 조사하는 장치(포남펠머 박사 제공)

지만 실험 조건은 원시 지구의 모습과 비슷하게 만들었다고는 말할 수 없다. 그렇기 때문에 그의 실험은 생명의 기원이나 화학 진화의 연구에는 아무것도 공헌하지 못했다. 요컨대 그의 실험은 유기화학 연구사상 최저의 수율을 가진 가장 서툰 합성법의 연구에 불과하다.'라는 등의 심한 비난을 논쟁 끝에 듣게 되는 일도 있다.

그러나 개개의 실험에 대하여 이의를 제기하는 사람이 있다고 하더라도 생명의 기본 재료가 되는 물질이 방전이나 자외선의 영향하에서 비교적 간단히, 짧은 시간 내에 합성되고, 그것이 원시의 바닷속에 축적되어

연 구 자	원 시 대 기	에너지원	발견된 유기물
밀러	메탄, 암모니아, 수소, 물	방전	아미노산 요소 유기산
폭스 등	메탄, 암모니아, 물	열	아미노산 유기산
에벨손	일산화탄소, 질소, 수소, 물	방전	아미노산
빠신스끼 등	메탄, 암모니아, 물	방전	아미노산
뗄레닌	메탄, 암모니아, 물	자외선	아미노산 등
오로 등	암모니아, 시안화수소 물 또는 메탄, 암모니아, 물	열	아미노산, 아데닌 등 당, 유기산 탄화수소
로에 등	암모니아, 시안화수소	열	아미노산 염기류
오겔 등	알데히드, 시안화수소 등	열	아미노산 염기류
칼빈 등	이산화탄소, 수소 등 또는 메탄, 암모니아, 수소, 물	α선 β선	아미노산 염기류 유기산
포남펠머 등	메탄, 암모니아, 수소, 물 또는 메탄 암모니아만	방전 또는 β선	아미노산 염기류 유기산 폴리펩티드 당 포르피린 탄화수소
赤堀, 花房	아미노아세트니트릴	열	폴리글리신
赤堀 등	폴리글리신과 알데히드 등	열	폴리펩티드
今堀, 湯淺, 石神 등	메탄, 암모니아	방전	시안화수소 디아민 등
바하더 등	포름알데히드 등	빛	아미노산

그림 19 | 원시 지구 모형에 의한 실험 일람

갔을 것이라는 생각은 실험적으로 증명되었다고 해도 좋을 것이다.

유리-밀러의 실험이나 유사한 실험에서 합성되는 것이 증명된 화합물 중에는 단백질의 구성 아미노산 20종의 거의 전부와 핵산의 구성 요소인 염기 4종, 그리고 리보스가 포함되어 있다. 이외에도 시트르산, 피루브산, 프로피온산 등의 유기산, 탄화수소, 각종의 당, 그리고 혈액의 헴이나 녹색식물의 엽록소의 기본 물질인 포르피린까지 검출되어 있다.

시안산이 생명 탄생에 일익을 담당한다

한편, 이것과 병행하여 자세한 반응 기구에 관한 연구도 시작되었다. 유리-밀러 실험을 하면 반응의 제1단계의 하나는 시안화수소(시안산가스)가 합성되는 일이라는 것을 알았다. 또 하나의 중요한 단계는 메탄과 물에서 포름알데히드가 생성되는 것이다. 예컨대 〈그림 20〉에 나타낸 바와 같이 아미노산의 일종인 글리신은 시안화수소와 포름알데히드에 암모니아가 반응하여 아미노아세트니트릴을 만들고, 이것이 물과 반응하여 글리신이 된다.

이 반응 기구가 명확해짐으로 해서 아미노산의 합성법으로서 유기화학자가 가장 잘 쓰고 있던 '스트레커 합성법'과 똑같음을 알 수 있었다. 그 밖의 아미노산이나 유기산도 비슷한 반응 기구로 시안화수소와 포름알데히드에서 만들어진다는 것이 확인되었다.

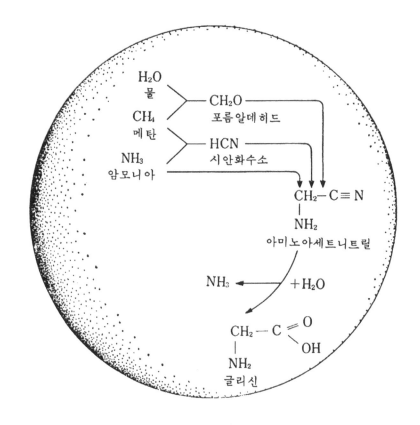

그림 20 | 원시 지구 모형에 의한 실험 일람

시안화수소의 칼륨염은 독약으로 유명한 시안산칼륨으로 현재 살고 있는 생물에게 맹독인 화합물이 생명의 탄생에서는 중요한 화합물의 하나였다는 것은 흥미 있는 일이다. 여하간 메탄과 암모니아에서 시안화수소가 만들어진다면 처음부터 메탄 대신 시안화수소를 넣어 두면 좋지 않겠느냐는 생각은 누구나 할 것이다. 또한 유리의 원시 대기에 반대하는

사람들의 의견을 좇아, 예컨대 일산화탄소, 질소, 수소 등으로 대기 모형을 만들어도 먼저 시안화수소가 만들어진다.

실제 오로 등 텍사스의 화학 진화 연구자들은 시안화수소를 출발 물질로 하는 원시 지구 모형실험을 행했다. 그래서 처음으로 오로 등은 밀러의 실험과 같이 아미노산이 만들어지는 것을 증명했고, 또한 핵산의 구성 염기인 아데닌이 만들어지는 것을 제시했다. 동시에 반응 물질 중에는 더욱 복잡한 구조를 갖는 큰 분자도 만들어졌음을 발견했다. 이렇게 해서 그 외의 연구자들도 시안화수소를 출발 물질로 하는 반응을 연구하게 되었다.

수억 년의 반응을 불과 수개월에……

시안화수소 반응의 특징 중 하나는 중합 반응(작은 분자끼리 몇 개 결합하여 큰 분자를 만드는 반응)이 계속적으로 일어나 반응 생성물의 변화가 많다는 데 있다. 예컨대 아데닌을 화학식으로 쓰면 $C_5N_5H_5$, 즉 시안화수소 HCN의 5배체 $5 \times HCN$에 해당한다. 구체적인 반응의 양상을 해석하면 시안화수소가 잇따라 중합하여 4배체 $(HCN)_4$에 해당하는 화합물의 하나인 아미노시안이미다졸이 되고 여기에 또 하나의 시안화수소가 첨가되어 만들어진다. 시안화수소의 중합 생성물은 이외에도 더 큰 분자까지 여러 가지 것이 만들어진다는 것을 알게 되었다.

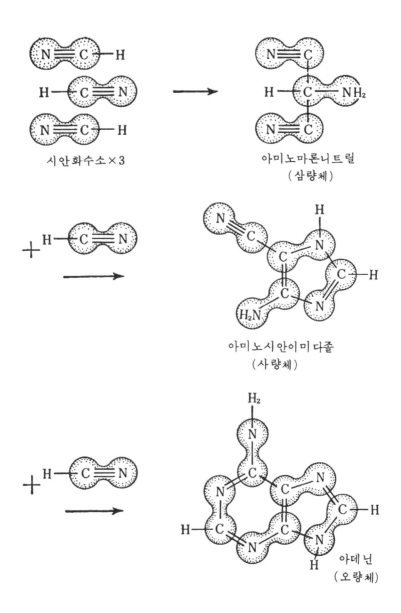

시안화수소×3

아미노마론니트릴
(삼량체)

아미노시안이미다졸
(사량체)

아데닌
(오량체)

그림 21 | 시안화수소로부터 아데닌이 만들어지는 경위

시안화수소 중합 반응의 또 하나의 특징은 수율이 좋다는 것이다. 유리-밀러의 실험이나 그와 비슷한 실험에서는 실제 글리신, 알라닌 등의 아미노산, 아데닌과 같은 염기가 제일 많이 존재하는 화합물이다. 말하자면 반응의 주 생성물인데 사용한 메탄 중에서 어느 정도가 글리신으로 변화되었는지 그 수율을 계산해 보면 1,000분의 1, 즉 0.1%에도 미달되는 적은 양이다. 그러나 시안화수소에서 출발하면 수율은 대단히 좋다. 그리고 반응 물질도 대량 입수할 수 있으므로 분석이나 반응 기구의 연구를 하기 쉽다.

다시 말하면 메탄, 암모니아, 수소의 혼합 가스 쪽이 원시 지구의 모형으로서는 보다 더 많이 닮았을지는 모르지만, 그것은 지나치게 닮아버려 반응이 원시 지구상에서 일어났던 것과 같이 느린 속도로밖에 일어나지 않는다. 그것을 시안화수소로 대치하면 속도가 빨라져서 수천만 년, 수억 년이나 걸린 반응을 수일 내에 볼 수 있게 된다. 시안화수소가 들어 있는 플라스크는 말하자면 시간을 자유로이 조절할 수 있는 '타임머신이 붙은 지구 모형'이다.

공업 화학의 발전에도 연결된다

시안화수소 반응의 주 생성물의 하나는 아데닌이지만 앞에서 기술한 바와 같이 이 화합물은 꼭 시안화수소의 5배체로서 만들어지기 쉽다는 것을 이해할 수 있다. 따라서 원시 지구상에서는 다른 염기에 앞서 아데닌이 특히 많이 존재하고 있었으리라고 추정된다. 그러므로 이것이 오늘날에도 생물체에서 아데닌이 다른 염기보다 중요한 역할을 하고 있는 이유라고 생각된다.

아데닌은 생명 활동을 지배하고 있는 많은 효소의 조효소의 일부가 되어 있는 것 이외에도 특히 생체 내에서 에너지를 주고받는 일을 할 때 화학 에너지의 운반체의 역할을 하는 아데노신3인산 ATP의 구성 성분의 하나가 된다. 아데닌 대신에 다른 염기화합물인 구아닌으로 바꾸어 놓은 구아노신3인산, GTP일지라도 화학 에너지를 주고받는 데는 아무런 지장이 없다. 그럼에도 불구하고 아데닌이 선택된 것은 원시 지구상에서 얻기 쉽고, 화학 진화 과정에서 다른 염기를 포함하는 화합물보다 아데닌을 갖는 쪽이 만들어지기 쉬웠으므로 그것이 그대로 원시 생물에, 그리고 오늘의 생물에까지 받아들여지고 있을 것이라고 생각할 수 있다.

시안화수소가 일으키는 반응에는 아직도 알지 못하는 부분이 상당히 있다. 따라서 시안화수소가 원시 지구상에서 행한 역할은 아직도 알려져 있지 않은 면이 많을 것이다. 그러나 여기까지의 연구만이라도 의외의 방향으로 발전하게 되었다.

앞에서도 기술한 바와 같이 원시 지구 모형의 실험은 유기화합물의 합성법이라는 입장에서 보면 대단히 수율이 나쁜, 잡다하고 제어하기 어려운 반응이었다. 그러나 시안화수소의 반응은 그렇게 수율이 나쁜 것도 아니며, 무엇보다도 반응 산물은 지금 바로 쓸모가 있을 것 같은 의약품 등의 중간체이거나, 이것에 가까운 것이 많다는 것을 알게 되었다.

이렇게 되면 원래 원시 지구상의 반응은 외부로부터 사람의 손을 가하지 않은 것이기 때문에 조작이 간단하다는 특징을 가진 매우 좋은 합성법으로 고쳐 볼 수 있다. '유기합성화학 사상 최저의 합성법에 관한 연구'라고 비판받아 오던 원시 지구 모형의 연구가 공업 화학의 입장에 있는 사람들을 자극하기 시작했다. 화학 진화에 관한 연구에서 시안화수소라는 맹독 물질이 의외로 유용한 원료라고 생각되자 급속히 시안화수소를 응용하는 연구가 발전하기 시작했다.

시안화수소를 원료로 하는 화학 공업을 시아노카본 화학이라고 부르며, 지금 바야흐로 출발을 기다리는 태세에 있다. 적당한 안정성을 가진 시안화수소의 2량체, 3량체, 또는 4량체를 직접 원료로 하여 의약품, 농약, 비료, 식품 첨가제, 거기에 합성수지를 만드는 공업이 시작되고 있다.

마지막으로 또 하나의 뉴스를 첨가해 두기로 한다. 1972년 가을에 시아노카본 화학의 중요한 원료가 될 것이라는 시안화수소의 4량체의 하나인 디아미노마레오니트릴, 흔히 DAMN라고 불리는 화합물의 공업적인 수준에서의 합성법을 처음으로 일본의 사가미 중앙화학연구소에서 완성했다. 이 방면에서도 일본의 연구자들은 세계의 첨단을 달리기 시작했다.

생명의 부품은 획득했는데……

이야기가 조금 빗나갔지만, 원시 지구상에서 아미노산이나 당, 염기 등이 합성되었다는 것을 알았다고 해서 그것이 곧 생명의 탄생이라고 말할 수는 없다. 이 화합물들은 문자 그대로 생명을 구성하는 재료에 불과하고, 여기서부터 한 단계 더 복잡한 블록을 조립해 나갈 필요가 있다. 아미노산이나 당, 염기를 섞어 흔들어도 생명은 태어나지 않는다.

이 정도의 사정은 엘렉트로닉스에 비유하면 이해하기 쉽다. 아미노산이나, 당, 염기는 트랜지스터나 저항, 콘덴서에 해당하는 부품이다. 트랜지스터나 저항 등을 상자에 넣고 뒤섞어서 흔들었다고 해서 자연히 텔레비전이나 스테레오가 조립되는 것은 영구히 있을 수 없는 일이라고 말해도 좋을 정도의 작은 확률이다.

이 부품을 설계도에 따라 전원 회로나 증폭 회로, 발진 회로 등을 각각의 회로 기판이라 부르는 베이클라이트판 위에 바르게 배치하고 땜질하여 붙이는 일이 필요하다. 그리고 마지막에 각 기판을 서로 바르게 조립함으로써 비로소 텔레비전이나 스테레오 등의 세트가 만들어진다.

이처럼 우리는 지금 생명을 만드는 부품을 입수한 데 불과하다. 지금부터 이 부품을 어떻게 배열하면 좋을지, 어느 정도의 회로가 필요한지를 설계하는 일부터 시작하지 않으면 안 된다. 그 후에 아미노산이나 당이라는 부품을 배치하여 최후에 그것을 조립하게 된다. 그 하나하나가 모두 어려운 문제지만 다음 장부터는 그 순서에 따라 취급해 가기로 한다.

그림 22 | 생명의 부품이 만들어진다고 해서 곧 생물이 만들어지는 것은 아니다. 아미노산이나 당이나 염기로부터 생명이 탄생되기까지의 과정은 트랜지스터나 저항, 콘덴서로부터 스테레오, 텔레비전을 조립하는 것과 비슷하다

제5장

화학 진화의 주역들

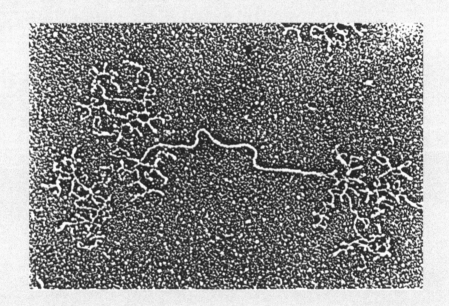

생명이란 무엇인가?

생명의 기원에 관한 문제는 생명의 정의와 표리일체(表裏一體)하다고 앞에서 기술한 바 있다. 화학 진화의 제1단계까지를 조사한 시점에서 이 문제를 조금 취급해 보기로 한다. '생물이란 무엇인가'라는 인식이 없이는 앞으로 말을 더 진행해 갈 수가 없다.

이 지구상은 여러 가지 모양을 한 동물, 식물, 그리고 미생물로 넘쳐 있다. 그리고 자기 주위를 살펴보고 어느 것이 생물이고 어느 것이 생물이 아닌지 하나하나 살펴보며 생각하는 사람은 없을 것이다. 생물과 비생물 사이에는 한 번만 보아도 누구나 명백한 차이점을 찾아낼 수 있다. 그런데도 불구하고 막상 '생물의 정의는 무엇인가'라고 질문을 받으면 생물학자조차도 대답할 수 없다.

생물학을 연구하는 데 있어서 생물의 정의가 없어도 불편을 느끼지 않는 것처럼 '화학 진화' 연구에 있어서도 생물이란 무엇인가라는 엄밀한 정의가 없다고 할지라도 관계가 없으므로 여기서는 엄밀한 정의에 대한 논의는 하지 않기로 한다. 오히려 엄밀한 정의는 생명과학의 각 분야에서 금후의 발전, 성과, 특히 화학 진화의 연구 성과에 입각하여 의논되어야 할 성격의 것이라고 말할 수 있다.

생물에 대한 엄밀한 정의는 할 수 없지만 그것이 비생물과 다른 성질, 또는 생물에 공통된 성질, 다시 말해서 생명의 특성을 들 수는 있다. 그리고 엄밀한 정의는 필요 없지만 생명의 특성을 정리하여 생각해 둔다는 것은 화학 진화를 연구하는 데 있어 빼놓을 수 없는 것이다. 그러므로 여기서는 다음과 같은 세 가지 성질로 정리해 보기로 한다.

생물의 특성 중 하나는 외부에서 식물을 섭취하여 그것을 이용해서 성장, 번식에 필요한 에너지를 획득하고, 한편으로는 노폐물을 배설한다는 것을 들 수 있다. 전문 서적 중에는 이 특성을 어려운 물리화학적인 말로 엄밀히 표현한 것도 있으나, 한마디로 말해서 에너지 대사를 하는 것이 생물의 특성 중 하나이다. 동물은 먹이를 먹고 소화하여 그 일부를 사용해서 몸을 만들고 나머지는 체내에서 연소시켜 에너지로서 열이나 운동에 사용하고 있다.

생물은 '진주 목걸이'의 한 알

식물은 태양 에너지를 이용해서 이산화탄소를 흡수하고 이것으로부터 유기물을 만들어 그것을 이용하여 식물체를 만들고 있다. 동물은 직접 식물체를 먹든가, 또는 식물을 먹고 자란 다른 동물을 먹기 때문에 결국 직접적인가 간접적인가의 차이는 있어도 식물이 받아들인 태양의 에너지를 이용하여 살고 있는 셈이다.

이렇게 해서 지구상의 생물들은 그 하나하나가 태양 에너지에 지배되어 있는 한 줄로 이어진 진주 목걸이 중 한 알의 진주와 같은 것이라고 말할 수 있다. 이 목걸이 위를 빙빙 돌고 있는 것이 '탄소(C)'이다. 탄소는 이산화탄소의 형태로부터 광합성의 결과, 당이나 아미노산 등으로 그 형태를 바꾸어 식물체를 만들고 있다. 이때 태양 에너지는 형태를 바꾸어 당이나 아미노산의 화학 결합 중에 저장된다. 토끼는 풀을 먹고 자라고, 사자는 그 토끼를 먹고 사는 것과 같이 탄소화합물은 식물에서 동물로, 동물에서 동물로 이동해 간다. 그 사이에 탄소의 일부는 이산화탄소의 형태, 즉 처음 상태로 되돌아간다. 이 목걸이(학문적으로는 먹이 연쇄라고 말한다)의 일원(一員)이라는 것이 오늘날 생물이 갖는 특성 중 하나다.

물론 식물에 의한 광합성이 시작되기 이전의 생물은 조금 더 그 양상이 다른 탄소 목걸이 위에 얹혀 있었다. 원시 생물이 방출하는 이산화탄소는 수소가 많은 상공에서 태양빛이나 번개로부터 에너지를 받아 메탄이나 시안화수소가 되고, 다시 유리-밀러의 실험에서 본 것처럼 유기산이나 아미노산으로 변하여 또다시 원시 세포의 먹이가 되었다고 예상된다.

여기에서는 이산화탄소로부터 유기물로의 전환이 식물에 의한 광합성만큼은 능률이 좋지 않은 것이 틀림없다. 다시 말해서 탄소의 싸이클로서는 회전능률이 나빴고, 아마도 초기의 생물은 한편에서는 생명 탄생 이전에 만들어진 아미노산 등의 축적되어 있던 유기물을 먹고 있었을 것이다. 그러나 태양이나 번개의 에너지를 화학 결합으로 저장한 탄소화합물이 한 줄로 이어진 목걸이 중의 한 알로서 생물이 위치하고 있었던 점에서는 같은 것이다. 탄소화합물로 결합된 목걸이 중의 한 알로서 에너지 대사를 한다는 생물의 특성은 원시 세포도 갖추고 있었다는 것이 된다.

그림 23 | 생물은 태양 에너지에 의존하는 목걸이의 한 알

생물은 형태와 자기 복제 기능을 갖는다

이것과 관련하여 생물이 모양과 형태를 갖추고 있다는 것을 특성의 하나로 들 수 있다. 매우 당연한 말을 한다고 생각하는 사람이 있을지 모르지만 원래 정의라든가 특성이라는 것은 상식적인 것을 새삼스럽게 표현한 것에 불과하다. 일정한 모양이 있다는 의미의 하나는, 생명이 세포라고 하는 주머니 속에서만 존재하며, 외부 세계와의 사이에는 칸막이를 갖고 있다는 것이다. 이 칸막이가 먹을 것을 섭취하고 노폐물을 외부로 내보내는 역할을 담당하고 있기 때문에 이것이 없이는 앞에서 기술한 에너지 대사는 있을 수 없다고 말할 수 있다. 생명 현상이 유지되기 위해서는 세포라고 하는 최소 단위의 주머니가 필요한 것이다. 조금 전문적인 용어를 쓰면 기능과 직결된 '구조체' 없이는 생명은 존재할 수 없다는 것이다.

또 하나의 특성은 모양과 형태와도 관련되는 것이지만, 자기와 똑같은 형태를 가진 같은 종류의 생물을 자손으로 남기는 '자기 복제력'이다. 생물의 자기 복제 능력은 누구에게나 바로 생각이 떠오르는 성질일 것이다. 더욱이 비생물계에서는 볼 수 없는 생물 고유의 성질인 것처럼 보인다. 그래서 이 특성이야말로 생물로서는 가장 중요하고, 그리고 생물을 생명이 없는 세계와 명확히 구별하는 성질, 또는 생물의 정의라고 생각하는 사람도 많다.

그러나 엄밀하게 말하면 자기 복제 능력만을 생물의 정의라고 할 수는 없다. 몇 개의 예외를 만들 필요가 있기 때문이다. 예컨대 철의 녹을

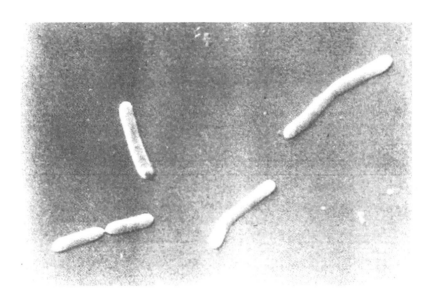

그림 24 | 세균과 같은 하등생물일지라도 반드시 외계와 경계를 갖는다

생물이라고 생각하는 사람은 없을 것이다. 그러나 철의 녹은 경험한 사람도 많겠지만 일단 철 표면의 어디인가에 만들어지면 그 후는 점점 퍼져나간다.

　이것은 화학 용어로는 자촉작용(自觸作用)이라고 부르는 현상인데 어떤 분자가 일단 만들어지면 그것이 그 분자를 만드는 반응을 촉진하는 촉매로 작용하는 성질을 갖고 있을 때만 일어나는 현상이다. 철의 녹은 복잡한 반응이지만 기본적으로는 공기 중의 산소에 의한 산화 반응에 불과하다. 그리고 이 반응은 반응 생성물인 녹에 의하여 촉매되는 것으로 생각되고 있다. 한마디로 말하면 녹은 녹을 만들어 내므로 이것은 넓은 의

미에서 자기 복제 능력을 갖고 있다고 말할 수 있다.

그래서 자기 복제를 '생물의 정의'로 하면 모든 자촉작용을 나타내는 분자는 생물이라는 말이 된다. 물론 철의 녹을 생물이라고 하고 생물학을 만들어가도 괜찮다는 생각도 있지만……. 이 자기 촉매 작용은 일종의 자기 복제계이기 때문에 그 자체가 화학 진화상에서는 중요한 역할을 했다고 생각되고 있다.

레오폰은 생물이 아닌가?

자기 복제 능력을 생물의 절대적인 특성으로 간주할 수 없는 예를 반대 입장에서 또 하나 들어 두기로 한다. 종이 서로 다른 생물들을 교배시켜 잡종을 만드는 일이 있다. 즉 표범과 사자의 잡종인 레오폰이라든지, 말과 당나귀 사이에서 만들어진 노새 등이 그 예이지만 이것들은 잡종불임성(雜種不稔性)이라고 해서 자기의 자식을 만드는 능력이 없는, 일대로 끝나는 '생물'이다. 그래서 자기 복제 능력을 생물에게 필요하고도 충분한 조건이라고 하면 우리가 한번 보고 분명히 생물이라고 직감하는 노새 등, 전문 용어로 속간잡종(屬間雜種)이라고 부르는 많은 것이 생물이 아닌 것이 되고 만다.

자기 복제 능력만이 생명의 절대적인 조건은 아니라는 것을 조금 구체적으로 기술했는데 이것은 자기 복제 능력이 생물의 가장 특징적인 특

그림 25 | 자손을 만들 수 없는 레오폰은 '생물'이 아닌가?

성이라는 것을 부정하려는 것은 아니다. 오히려 그것은 너무나도 뚜렷한 성질로서 생물과학의 전문가가 아니더라도 곧 생각이 날 정도이므로 생물의 특성이라는 뜻에서는 설명을 가할 필요가 없기 때문이다.

　최초의 생명은 이러한 특성의 전부를 어느 정도 만족시키는 것이었다고 생각해도 좋을 것이다. 즉 외계와의 사이에 칸막이를 갖고, 외부로부터 영양분을 섭취하여 그것으로 살아가는 데 필요한 에너지를 얻고, 또한 자손을 늘려가는 능력을 갖고 있었을 것이다. 다만 이들 성질 하나하나는 오늘날의 생물과 같이 완전한 것은 아니었을 것이다. 예컨대 외계와의 칸막이도 오늘날의 세포와 같이 복잡한 구조를 가진 세포막이 아니고 단순한 것이었는지도 모른다. 또한 에너지 대사도 능률이 낮은 것이었을 것이다. 자기 복제 능력도 상당히 실수가 잦은 것이었을지도 모른다. 그리하여 생명이 출현한 이후 생물 진화 과정에서 보다 정밀도가 크고 보다 능률이 높은 것으로 선택되어 오늘날의 생물이 갖고 있는 정밀성에 다다랐을 것이다.

생물의 특성에 관하여 간단히 기술해 봤는데 유리-밀러의 실험에서 증명된 것과 같은 원시 지구상의 유기물인 아미노산이나 당, 염기 등은 별로 자기 복제 능력도, 막을 만드는 성질도 갖고 있지 않다. 화학 진화의 다음 단계는 이러한 유기물이 반응하여 막이라든지 자기 복제, 에너지 대사와 관련된 화합물 등을 만들어 나가는 일이다. 그러기 위해서는 이러한 생물의 특성이 발휘될 수 있는 물질적인 기반은 무엇인가를 알아 둘 필요가 있다.

에너지 대사의 구성은 공통

금세기 중반부터 급속히 발전한 생물 화학은 생물의 세포 속에서 행해지고 있는 에너지 대사의 구조를 명백히 했다. 그 구조는 하등의 박테리아로부터 사람과 같은 고등 생물에 이르기까지 기본적으로는 같다는 것이다.

예컨대 글루코스(포도당)를 영양으로 할 때 화학적으로 말하면 글루코스를 연소하여 그 에너지를 세포가 이용하는 것이지만 그 구성은 다음과 같다. 처음에 글루코스는 글루코스6인산이라는 화합물로 변하고 여러 단계의 변화를 거쳐 피루브산이 되며 최종적으로는 이산화탄소로까지 산화된다. 그 사이에 글루코스에 저장되어 있던 에너지는 ATP라는 화합물의 형태로 끄집어내진다.

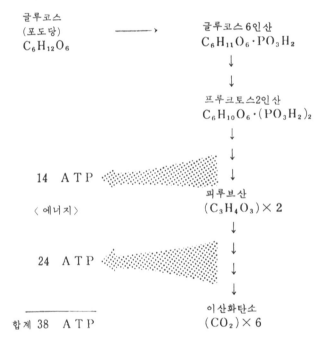

그림 26 | 에너지 대사의 한 예
글루코스는 그림과 같이 글루코스6인산, 프루크토스2인산, 피루브산을 거쳐 전부 이산화탄소로 분해된다. 이 사이에 38개의 ATP가 생성되고 ATP 속에 옮겨진 에너지는 성장이나 운동에 쓰인다. 다만 원시 세포에서는 능률이 이처럼 좋지는 않았을 것이다. 대개 1개의 글루코스로부터 다만 2개의 ATP가 생성되는 대사계를 갖고 있는 데 불과했다

기본적으로 이러한 방식은 모든 생물에서 공통된 것이다. 이 사실은 오늘날 지구상의 모든 생물은 공통된 조상에서 갈려졌다는 것, 그리고 그 시대부터 모양과 형태는 종의 분화, 생물 진화에 따라 변화했더라도 세포 내의 에너지 대사의 기본만은 변하지 않았다는 것을 나타내고 있다. 거꾸로 말하면 원시 세포도 또한 에너지 대사의 기본적인 구성만은 갖고 있었다고 말할 수 있다. 에너지 대사의 주역은 뭐니 뭐니 해도 단백질이다. 영양물에서 에너지를 얻는 반응은 여러 단계에 걸친 연속된 화학 반응의 조립으로 이루어져 있으나 그 하나하나의 반응은 단지 섞어 놓기만 해서는 반응이 진행되지 않는다. 만일 섞어 놓는 것만으로 반응을 진행시키려면 외부에서 가열하여 높은 온도를 유지할 필요가 있다. 그러나 그런 일을 하지 않아도 생물의 세포 내에서 화학 반응이 빨리 진행되는 것은 효소라고 하는 촉매가 존재하기 때문이다. 이 효소의 본체는 단백질이다.

효소라고 하는 생체 촉매

촉매라는 것은 화학 반응을 촉진하는 물질로서 백금이라든가 수은, 니켈과 같은 금속에도 이러한 작용이 있다. 실제로 화학 공업 분야에서는 이러한 무기 촉매가 사용되고 있는데 세포 속에 존재하는 촉매 효소는 이것과는 전혀 다른 몇 가지 특징을 갖고 있다.

첫째는 촉매로서의 능률이 매우 높다는 것을 들 수 있다. 일반적으로

백금과 같은 금속 촉매를 사용한다든지 간단한 유기화합물을 촉매로 하는 반응에 비하여 효소 촉매는 같은 반응을 1만 배에서 100억 배 정도 빨리 촉진한다고 말할 수 있을 정도로 능률이 높다. 이 때문에 반응은 상온에서도 빨리 진행된다.

둘째 특징은 반응에 대한 선택성이 높다는 것이다. 예컨대 피리독사알이라고 하는 비타민 B_6와 관련이 깊은 화합물은 아미노산에서 카르복시기(COOH)를 제거하여(탈탄산 반응이라고 한다) 아민을 만드는 반응을 촉매할 수 있으며, 동시에 L형의 광학활성(光學活性)을 가진 아미노산을 D형으로 바꾸는 라셈화 반응과 케토산에 아미노기를 옮겨 주고 자신은 케토산으로 바뀌는 아미노기 전이 반응도 촉매할 수 있다. 그래서 어떤 아미노산과 피리독사알을 섞어 가열하면 이런 반응이 전부 일어난다.

이에 반하여 효소 촉매 하에서는 각기 하나의 반응만을 촉매할 아미노산에게만 한정되어 있다. 거꾸로 말하면 아미노산마다, 또한 각 반응마다 한 개씩의 다른 효소가 작용하고 있다. 그래서 글루탐산의 탈탄산 반응은 글루탐산 디카르복실레이스라는 긴 이름을 가진 효소가 보통 피리독살과는 비교도 안 될 만큼 좋은 능률로 촉매한다. 또한 이 효소는 글루탐산의 라셈화나 아미노기 전이 반응도 촉매하지 않기 때문에 아스파라긴산의 탈탄산 반응도 촉매하지 않는다. 이런 현상을 효소의 촉매 작용에 '특이성'이 있다고 표현하고 있다.

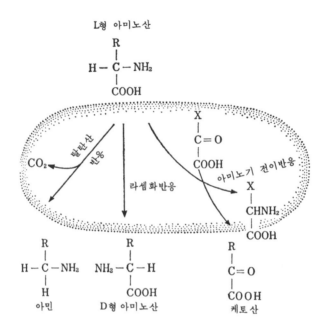

그림 27 | 피리독사알의 촉매 작용. 생체 효소의 촉매 작용과는 달리 동시에 이 세 가지 반응의 어느 것이라도 촉매할 수 있다

화학 반응의 우등생

효소에는 이 이외에도 촉매로서 다른 것에서는 볼 수 없는 특징이 있고 그 모든 것이, 생체 반응이 실험실의 시험관 속에서의 반응이나 화학 공장의 반응과는 다른 특수한 성질을 갖고 있는 것과 관계되어 있다. 그 중에서도 지금 기술한 고능률과 특이성이라는 두 가지 점이 중요하다.

세포 속의 하나하나의 화학 반응은 높은 온도나 극단적인 산성 또는 알칼리성도 필요로 하지 않고 온화한 조건 아래에서 더구나 빨리 진행되어 그것도 높은 수율로 진행한다는 특징이 있다. 이것은 모든 반응이 효소에 의해서 촉매되기 때문이다. 또한 몇 개의 반응이 완전히 통제되어 질서를 갖춘 반응계라는 것도 특색이다. 이 성질은 생물의 특성으로서 두 번째로 취급했던 것으로 생명 현상은 세포라는 일정한 구조체 내에서 일어나는 반응이라는 것과도 밀접한 관계가 있지만 동시에 효소 촉매에 의하여 반응이 진행된다는 것도 그것의 기반이 되어 있다. 한마디로 말해서 생체 반응의 특색은, 아니면 효소반응의 특색이라고 말해도 되지만, 조용하고 질서가 높고 빠른 반응이라고 말할 수 있다. 비유로 말하면 화학 반응 중의 우등생이고, 특히 화학 공업으로서는 보고 배워야 할 모범생이다.

원시 지구상에서 최초로 일어난 반응은 이것에 비하면 극히 능률이 나쁘고 무질서한 반응이었을 것이다. 유리-밀러의 실험을 조사해 보아도 방전과 같은 에너지를 외부로부터 가하지 않으면 반응은 시작되지 않는다. 반응이 일어나도 능률이 낮아서 유기 생성물이 분석으로 확인할 수 있을 만큼의 양을 만드는 데는 수일이라는 긴 시간이 필요하다. 게다가 생성물은 여러 종류의 화합물의 혼합물로서 대체 몇 가지 종류의 분자가 있는지 누구도 조사하려 하지 않을 정도로 많다.

밀러의 시대와는 달리 미량 분석 기술이 발달한 오늘날에는 아미노산 하나만을 다룬다고 하더라도 글리신, 알라닌 등 밀러가 발견한 것 외에 최저 10종 이상의 아미노산이 만들어져 있는 것을 알 수 있다. 탄화수소

그림 28 | 생물은 제아무리 작다고 하더라도 화학공장과 같은 거대한 설비 없이 질서 있는 화학 반응을 수행한다

에 이르러서는 대체 몇 십만 종인지 몇 백만 종인지 추측조차 할 수 없을 정도로 많은 화합물이 조금씩 만들어져 있다고 추측하고 있다.

화학 반응의 입장에서 화학 진화, 즉 생명의 탄생에 도달되는 과정을 살펴보면, 잡다하고 능률이 나쁜 초기의 화학 반응으로부터 질서가 선 생체 내의 화학 반응으로 반응의 질을 서서히 전환해 가는 일이라고 말할 수 있다.

훌륭한 세포막의 작용

생체 반응이 능률이 좋고 질서 있게 진행할 수 있는 첫째 기초는 효소, 즉 단백질이 담당하고 있다고 설명했다. 그러나 생체 반응의 특징은 그것이 세포라는 구조체 안에서 일어난다는 것에 유래되는 면도 많다. 이것이 생물 특성의 두 번째로서 생명이 세포와 같은 구조체 위에서가 아니면 존재할 수 없는 이유 중 하나이다. 생물의 내측과 외측을 구분하고 있는 것은 세포막이라고 하는 얇은 막인데 이것은 단순한 칸막이 판만은 아니다.

저분자 화합물은 이것을 통해서 출입할 수 있는, 소위 반투막의 성질을 갖고 있지만 세포가 필요로 하는 화합물이면 계속해서 받아들여 세포 내에 축적하는 작용이 있다. 단순한 반투막으로 구분되어 있다면 농도가 짙은 쪽에서 옅은 쪽으로 삼투압에 의해 물질이 운반되는 데 불과할 것이지만, 세포막은 삼투압에 역행해서 외부의 물은 영양분도 세포 내에 받아들여 영양분이 진한 상태를 세포 내부에 만들어 내도록 일을 한다. 말하자면 퍼 올리는 펌프가 붙어 있는 반투막이다. 물론 노폐물들은 밖으로 배출한다.

이처럼 버릴 것은 버리고, 필요한 것은 삼투압에 역행되더라도 받아들인다는 것은 능률이 높고 질서 있는 화학 반응계로서는 필요한 조건 중의 하나라는 것은 말할 필요도 없다.

특히 고등 생물의 세포에서는 세포막이 안쪽으로 들어가서 복잡한 막의 운하 같은 것을 만들고 이것이 세포 속에서 칸막이가 되어 여러 종류

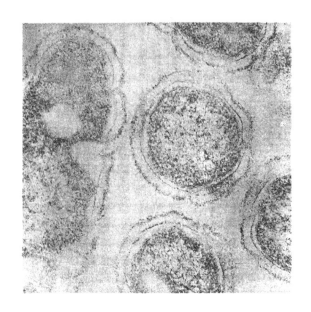

그림 29 | 세균의 막 구조. 생명은 막을 가진 세포 위에서만 존재한다

의 구획을 만들고 있다. 이렇게 해서 세포 내의 각기 다른 장소에서는 각
각 다른 화학 반응이 일어나도록 하여 조절이 되도록 한다든지 반응의 흐
름이 원활해지도록 한다. 이 세포막은 단백질이 60% 정도, 나머지는 지
질과 소량의 다당류가 차지하고 있다.

고등 생물의 세포에서는 세포 내의 구조체도 복잡하다. 그러나 생명
의 기원을 생각하는 입장에서는 하등의 미생물로부터 고등 생물에 이르
기까지 전체적으로 공통되는 점만을 주목한다는 것이 중요하기 때문에
여기서는 구조체 하나를 소개하는 것만으로도 충분할 것이다.

그것은 리보솜이다. 리보솜은 세포 내에서 단백질을 합성하는 장소로

서, 말하자면 단백질 합성공장이다. 리보솜은 지름이 15nm 정도의 미소한 구로서 약 60%는 단백질이고 40%는 리보핵산과 미량의 아민류(푸트레신이나 스퍼미딘 등)로 되어 있다. 보통은 최초의 생물일지라도 단백질의 합성은 리보솜과 비슷한 구조체상에서 행해졌으리라고 생각되고 있다. 이것이 옳다면 화학 진화의 어느 단계에서 리보솜과 같은 구조체가 만들어지고, 원시 생물은 그것을 받아들였음에 틀림없다.

유전자라는 중요한 요소

'능률 좋고 질서 있는 생체 반응'을 가능하게 하고 있는 요소로서 효소와 세포 구조를 들었으나 이것만으로는 불충분하다. 또 하나 빼놓을 수 없는 요소가 있다. 그것은 생물이 어떻게 해서 효소 촉매나 세포 구조체를 입수할 수 있었는가라는 문제다. 그 답은 세균에서 사람에 이르기까지 현재의 모든 생물은 유전 현상을 통하여 양친으로부터 효소나 세포막을 구성하고 있는 단백질 등을 만드는 '정보'를 받아들이고 있다는 것이다. 구체적으로는 유전자 속에는 단백질을 합성할 때의 설계도가 숨겨져 있고 그 설계도가 자식에게 넘겨진다.

지금까지 '자기 복제 능력'이라고 써 온 표현은 생물학의 용어를 빌리면 유전 현상이라고 바꾸어 말할 수 있다. 이렇게 해서 앞에서 생물의 특성으로 들었던 세 가지, 즉 대사, 세포, 유전 등 모두가 '능률 좋고 질서 바른 반응계'의 성립과 표리일체로 되어 있다는 것을 알 수 있다.

생명의 탄생이란 이 세 가지의 특성을 갖춘 것이 출현되었을 때라고 정의한다면 그것은 능률 좋고 질서 바른 반응계가 안정하게 존재할 수 있게 되었을 때라고 바꾸어 말해도 좋을 것이라는 것을 이것으로부터도 이해할 수 있을 것이다.

유전의 구조, 다시 말해서 생물의 자기 복제의 메커니즘에 과학의 메스를 가한 최초의 사람이 멘델이라는 것은 너무나도 유명하다. 유전학에서는 양친의 모양이나 형태를 형질이라 부르고, 유전이란 형질을 자식에게 전한다. 멘델 이전에는 유전이란 어떤 실체를 잘 모르는 '유전자'라고 이름 붙여진 입자에 의해서 자식에게 전달된다는 데까지만 생각이 미쳤다.

멘델의 업적 중 하나는 하나의 형질은 하나의 유전자에 의하여 전달된다는 것을 완두콩을 사용해서 실험적으로 증명한 일이다. 멘델의 연구는 어느 생물학 교과서에도 자세히 설명되어 있기 때문에 여기서는 화학 진화를 생각하는 데 필요한 요점만으로 끝내기로 한다.

유전자의 본체는 핵산 분자

멘델의 연구는 유전학상의 중요한 발견을 몇 가지 포함하고 있었는데, 어찌된 이유인지 오랫동안 사람들의 주목을 끌지 못하고 그가 사망한 후 1900년에 이르러서야 세 사람의 식물학자에 의해 재발견되었다. 그 후 유전의 구성에 관한 연구는 급속도로 발전하게 되었다. 특히 1940년대에는 미생물, 특히 빵에 번식하는 빨간 곰팡이를 사용한 연구에 의해서 멘델이 언급한 1 유전자 1 형질 지배로부터 일보 전진하여 하나의 유전자가 하나의 효소의 유전을 장악하고 있다는 것을 알게 되었다. 즉 개개의 효소 단백질 하나하나가 하나하나의 유전자에 지배된다는 것이다. 또는 하나의 유전자는 하나의 효소 단백질을 만들기 위한 설계도라고 말해도 좋다.

그리고 유전자를 통하여 자손에게 전하는 데는 분자 속에 기록되어 있는 기호를 통해 행해진다는 것도 알게 되었다. 유전이란 양친으로부터 자식에게 전달되는, 일종의 '통신'이라고 말할 수 있다. 이 연구는 폐렴쌍구균(肺炎雙球菌)을 사용하여 한천(寒天) 위에서 배양했을 때 생기는 집락(集落)은 조면상(粗面狀)이 되어 폐렴을 일으키는 능력이 없는 종류가 되며, 여기에 활면상(滑面狀) 집락인 폐렴의 병원성을 가진 종류의 균을 끓여 살균한 추출액을 가하면, 활면상의 집락형을 만들어 병원성을 가진 종으로 변하는 것을 발견했다. 일단 이렇게 변한 것은 대대로 그 자손은 활면상의 종이 된다.

이 현상은 유전자를 치환했다고 설명할 수 있기 때문에 이러한 치환을 일으키는 물질을 추구하면, 그것이 유전자의 본체라고 말할 수 있다. 이 연구를 행한 결과, 끓인 용액 속에 있는 활면상 종의 '핵산'이라는 분자가 조면상의 종에 가해지면 활면상의 종으로 변하는, 즉 '형질의 전환'이 일어나는 것을 알았다. 핵산이야말로 유전자의 본체이고 단백질의 설계도라는 것이다.

다만 처음에는 이것만으로는 유전자의 본체가 핵산이라고 믿지 않는 사람도 있었으나 그 후 파지(박테리아에 감염되는 바이러스)의 감염이 핵산 성분에 의하여 일어나는 것이라든지, 핵산을 파괴하는 조작을 가하면 생물의 유전적 성질이 변한다는 것을 알게 되자 유전의 물질적 기초가 핵산이라는 것을 의심하는 사람은 사라졌다.

지금까지 생명의 특성을 정리하여 그것을 담당하는 화합물에 대하여 조사했다. 그 결과 효소 촉매의 본체이고 또한 막(膜) 등 세포 구조를 만들고 있는 단백질, 유전자의 본체인 핵산, 그리고 세포벽이나 막의 구성 성분인 다당류가 생명 현상의 주역들이라는 것을 알게 되었다. 이 주역들은 서로 협력해서 고능률로 질서가 잡힌 화학계(=생명)를 이룩하고 있다.

원시 생명 탄생에의 길이란 여러 가지로 뒤섞인 반응을 정돈된 반응으로 고쳐 만드는 일이다. 이처럼 가정하면 원시 지구상에 단백질, 핵산, 다당류와 같은 분자가 출현해서 세포 내 반응과 비슷한 정교한 반응이 잇따라 전개되어 가지 않으면 안 된다. 화학 진화의 주역들은 생명 현상의 주역들과 같은 종류의 분자라는 것이다. 앞 장에서 유리-밀러의 실험을 소개했는데, 그때 만들어진 아미노산이나 당, 염기는 주역이 아니었던 것이다. 그들은 말하자면 웅대한 드라마의 개막에 불과한 것이었다.

그림 30 | 갖추어진 화학 진화의 주역들: 단백질, 핵산, 다당류

제6장

분자의 성장

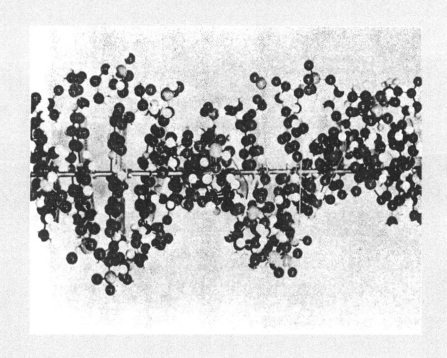

생체 고분자의 구성체

생명 현상, 나아가서 화학 진화의 주역들을 알고 난 지금 생명 탄생 이전에 아미노산이나 당, 염기로부터 복잡한 화합물인 단백질이나 핵산이 원시 지구 환경 아래에서 어떻게 만들어졌는지가 문제가 된다. 최초의 생명은 이 복잡한 화합물들이 서로 잘 조합되어 비로소 출현되었을 것이기 때문이다.

그러기 위해서는 좀 더 자세히 이들 화합물의 화학 구조를 알 필요가 있다. 몇 종류의 아미노산이 펩티드 결합이라는 결합 방법에 따라 결합된 아미노산의 중합체가 단백질이라는 것은 새삼스럽게 말할 필요도 없을 만큼 잘 알려져 있다. 핵산은 뉴클레오티드라고 하는 화합물의 중합체이다.

뉴클레오티드는 리보스라고 하는 당에 염기와 인산이 각각 한 개씩 결합된 것이다. 핵산에서는 각 구성 뉴클레오티드 외에 리보스와 인산이 교차하여 리보스-인산-리보스-인산……으로 결합되어 있다. 다당류는 글자 그대로 각종의 당이 중합한 화합물이다. 이는 모두 중합체, 즉 분자량이 큰 화합물로서 다른 말로 하면 고분자 화합물이라고 부른다.

고분자 화합물이야말로 생명 현상의 주역이라고 이야기했는데 사실 그대로 생명 현상의 특성으로 취급된 사항들은 고분자 화합물이 아니고서는 나타나지 않는 화학적인 성질을 기초로 하고 있다. 고분자 화합물은 저분자 화합물에는 없는 성질을 가지고 있다.

예컨대 아미노산의 중합체인 단백질에는 특정 아미노산끼리를 일정

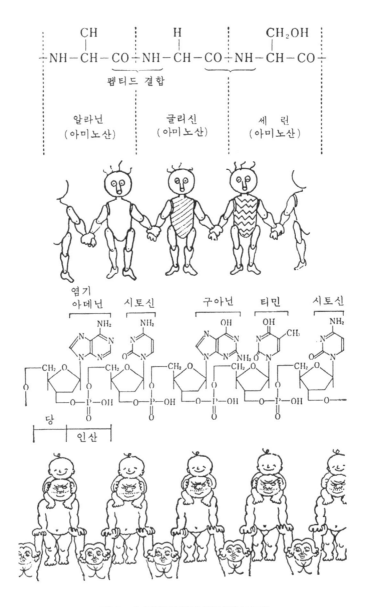

그림 31 | 단백질(상)과 핵산(하)의 구조

한 입체적 위치에 고정시켜 놓을 수가 있다. 이것은 아미노산을 단지 섞어 놓기만 하면 서로 자유로이 운동하기 때문에 도저히 기대할 수 없는 일이다. 단지 그것을 만들고 있는 아미노산을 섞은 혼합물에서는 없었던 이 단백질 특유의 성질은 효소 촉매로서의 작용에 깊이 관여하고 있다.

고분자 화합물의 존재는 특별히 생물에게만 한정되어 있는 것은 아니다. 예컨대 보통 일상생활에서 폴리에틸렌이라고 하는 것은 인공적으로 만든 에틸렌의 중합체, 즉 인공적인 고분자 화합물이다. 이 이외에 비닐이라든가 스티롤 수지 등 플라스틱류, 나일론을 비롯한 합성섬유나 합성 고무 등 인공적으로 만든 고분자 화합물을 합성 고분자 화합물이라고 부르고 있다.

이것에 대하여 단백질이나 핵산 등은 이전에는 천연 고분자라고 불렀었으나 최근에는 '생체 고분자'라는 말을 사용할 때가 많다. 같은 물질을 다른 말로 부르는 것은 그간에 '의식의 변혁'이 있었기 때문이다. 생체 고분자라는 표현에는 단지 생물체를 만든다는, 또는 천연의 고분자 화합물이라는 뜻뿐만 아니고, 생체 반응에서 특정의 작용 — 전문 용어로 말하면 기능 — 을 가진 고분자라는 의식이 포함되어 있다.

고분자 화학의 연구자들은 어떻게 해서든지 합성 고분자를 효소나 세포막과 같은 훌륭한 기능을 수행할 수 있는 것으로 만들었으면 하고 바라면서 생체 고분자라는 말을 사용하게 되었다. 사람의 손으로는 성공하지 못했지만 원시 지구상에서는 화학 진화를 통하여 기능을 갖고 있는 고분자를 만들어 내는 데 성공하고 있었던 것이다. 그러므로 그 과정, 즉 화학

그림 32 | 개개의 아미노산은 유리 상태로 있기 때문에 아미노산을 혼합하는 것만으로는 (상) 전체로서 어떤 특별한 일은 하지 않는다. 그러나 그것들이 결합한 고분자 화합물(단백질) 속에서는 아미노산의 입체적 배치가 고정되기 때문에 유리아 미노산에서는 볼 수 없었던 새로운 성질이 나타난다

진화를 조사한다는 것은 고분자 화학자에게 좋은 힌트를 줄 수 있다고 생각된다.

분자의 성장

단백질을 구성하는 아미노산은 유리-밀러의 실험으로 원시 지구상에서 합성되고 축적되었을 것이라는 사실이 증명되었다. 마찬가지로 핵산의 구성 재료 중 아데닌 등의 염기나 리보스가 만들어지는 것도 대체로 문제가 없는 것 같다. 인산도 광물의 형태인 인산염이나 그 중합체인 폴리인산을 얻을 수 있었을 것이라고 생각하는 사람이 많으며 여기서도 그 의견을 인정하기로 한다. 물론 원시 지구상에서도 인산염이 어떻게 해서 입수되었는지 더 잘 연구해 보지 않으면 확실한 것은 말할 수 없다는 의견도 많지만…….

화학 진화의 과정은 이 고분자의 구성분인 아미노산, 당, 염기가 만들어지는 제1단계와 다음에 이것이 중합 반응을 일으켜서 고분자 화합물을 만드는 제2단계, 그리고 최후로 고분자끼리 서로 결합하여 생체 고유의 특성을 가진 '복합계', 즉 원시 생명을 만드는 세 가지 단계로 나눌 수가 있다. 각 단계에서 중심이 되는 화합물을 분류해 보면 〈그림 33〉과 같이 나타낼 수 있다.

제4장에서 원시 지구상에서는 비교적 간단히 유기물이 합성되었을

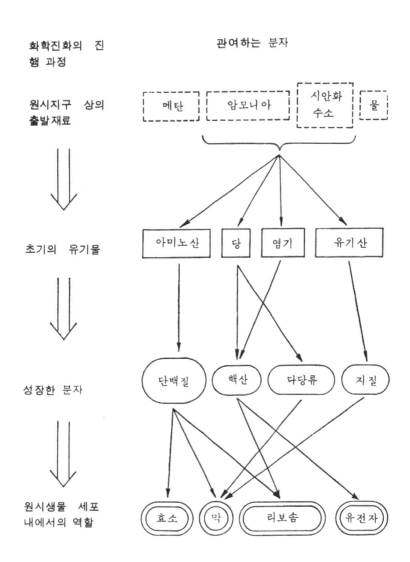

그림 33 | 화학 진화의 각 과정에서 관여하는 분자

것이라고 기술했는데 거기서부터 생명까지는 이 그림에 나타낸 것과 같이 질적으로 다른 두 가지 단계를 거치지 않으면 안 된다. 우선 여기서는 두 번째 단계, 아미노산이나 당 등의 저분자 화합물이 큰 분자나 고분자로 '성장'해 가는 과정을 조사해 보기로 한다.

생물은 어떻게 단백질을 만들고 있는가?

유리-밀러의 실험으로 아미노산이 합성되었다고 기술했다. 한편 단백질은 아미노산이 중합하여 만들어진 고분자 화합물이다. 그렇게 말하면 원시 지구상의 연못이나 바다에 아미노산이 계속 녹아들어가서 점차 진한 아미노산의 '수프'가 만들어지면, 그 후는 아미노산끼리 서로 반응하고 결합하여 자연히 단백질이 만들어진다고 생각할지도 모르지만 이야기는 그렇게 간단하지 않다. 그 이유는 아미노산이 펩티드 결합을 하기 위해서는 에너지가 필요하기 때문이다.

그래서 아미노산을 섞어 놓는 것만으로 자연히 반응이 진행되지는 않는다. 마치 전자기기의 기판을 만든다고 해서 필요한 트랜지스터나 콘덴서, 저항을 단지 늘어놓는 것만으로는 이어지지 않고, 땜질을 하지 않으면 안 되는 것과 사정이 비슷하다.

그러면 원시 지구상에서는 어떻게 해서 단백질과 비슷한 아미노산의 중합체가 만들어졌을까. 그 답을 찾는 힌트가 되는지 어떤지를 오늘날 생물들이 단백질을 만드는 과정을 살펴보기로 한다.

현재 지구상의 생물은 두 가지 방법으로 단백질을 합성하고 있다. 하나는 세포 속에서 행하는 방법으로, 이것은 가장 하등인 세균으로부터 사람에 이르기까지 거의 같은 공통된 방법이다. 아미노산은 우선 생체 내의 에너지 통화(通貨)로 비유되는 ATP를 소비하여 활성화(에너지 준위가 높은 상태, 즉 분자가 반응하기 쉬운 상태에 있는 것)가 되어서 반응 중간체인 아미노아실—AMP라고 하는 반응성이 풍부한 화합물로 변한다.

그 후 아미노산은 또 한 단계의 반응을 받아 활성화된 상태로 세포 내의 단백질 합성공장인 리보솜상에 운반되어 역시 이 공장에 운반되어 온 유전자(실체는 핵산)의 설계도(이것 자신도 핵산)의 지시대로 계속하여 펩티드 결합을 만들어 연결되어 간다.

이 일련의 반응 전체에는 여러 개의 효소가 관계하고 있는데 생체 반응에 고유한 특징이 잘 나타나 있다. 요컨대 ATP에 의해 에너지가 주어지고 효소로 촉매되므로 반응은 높은 온도로 가열할 필요가 없고, 수용액 중에서 재빨리 일어난다. 더구나 어떤 아미노산 다음에 어떤 아미노산을 결합하느냐 하는 아미노산의 배열 순서는 미리 유전자에 의해 결정된 대로이고 절대로 틀리는 일은 없으며 크기도 일정한 곳에서 합성을 중지한다. 요컨대 고도의 질서로 정돈된 반응이다.

앞에서 하나의 유전자가 하나의 단백질 구조 및 성질을 지배한다고 말했는데 그 구성은 이처럼 생체 내에서 단백질이 합성될 때는 유전자의 지시에 따라 만들어지기 때문이다.

그다지 힌트가 되지 않는 현재의 단백질 합성법

세포 내의 단백질 합성이 생체 반응의 특징인 좋은 능률과 정확성을 갖고 있는 데 대하여 제2의 방법은 아직도 그 정도의 정밀성까지는 도달하고 있지 못한다. 제2의 방법은 '화학자'라는 이름의 생물만이 행하는 것으로서 유리 기구 내에서의 단백질 합성법이다. 우선 아미노산은 ATP 대신에 다른 유기 시약을 사용하여 활성화된다.

이 활성화 방법에는 여러 종류가 있다. 불과 수년전 까지만 해도 아미노산을 원하는 순서대로 배열하여 중합한다는 것이 쉬운 일이 아니었으나 오늘날에는 순서도 크기도 대체로 원하는 것을 만들 수 있게 되었다. 그러나 생물이 만들어내는 것과 똑같은 단백질을 합성하려고 하면 수일이나 걸리고 거기에다 수율도 낮다. 요컨대 인공 합성법은 아직도 능률면에서나 정확성에서 생체 내 반응에는 미치지 못하고 있다.

첫 번째 방법은 10억 년 조금 더 걸린 화학 진화의 결과로 획득한 단백질 합성법이고, 두 번째 방법은 35억 년의 생물 진화 결과로 생물이 획득한 합성법이다.

즉 첫 번째 방법은 약간의 효소(단백질로 되어 있다)나 리보솜(주로 단백질과 핵산으로 되어 있다)의 존재 아래에서 이루어지는 단백질 합성법이다. 화학 진화 시대에도 이와 비슷한 방법으로 단백질이 합성되는 일이 있었겠지만 그것은 훨씬 뒤의 단계이고, 적어도 지구상에서의 최초의 단백질 합성법은 전혀 다른 방법으로 되어 있었을 것이다.

왜냐하면 단백질 합성 때 작용하는 효소나 리보솜과 같은 단백질이 어떻게 해서 만들어졌는가라는 문제가 해결되지 않고 있기 때문이다. 요컨대 이것은 일종의 '닭과 계란 문제'—닭이 먼저인가 계란이 먼저인가, 닭은 계란에서 부화되고 계란은 닭에서 산란된다. 과연 어느 것이 먼저인가—로서 답은 얻어지지 않는다.

한편 두 번째 방법은 이것도 복잡한 조작으로서 물이 아닌 특수한 유기용매 속에서의 반응을 필요로 하는 경우가 많아서 도저히 원시 지구상에서 일어날 수 있는 반응 양식으로 취급하기에는 지나치게 복잡하다. 그래서 세포 내에서나 유리 기구 속에서 행하는 방법은 모두 그대로가 원시 지구상의 단백질 합성 반응이라고 생각하기는 어렵다. 이 합성법들의 기본이 되는 반응에서 '힌트'를 얻을 수는 있다고 하더라도 원시 지구상에는 무엇인가 좀 더 다른 단백질 합성법이 있었을 것 같다.

원시 단백질의 출현

현재 원시 단백질 출현의 길로 생각되는 기구에는 몇 가지가 있는데, 크게 정리하여 보면 〈그림 34〉와 같이 둘로 나눌 수가 있다. 첫 번째 생각은(그림에서는 II 쪽이지만) 원시 지구상에서 아미노산이 축적되고 그것이 어떠한 형태로든 활성화되어서 중합 반응을 일으켜 원시 단백질이 되었다는 생각이다. 이것은 단백질의 화학 구조나 생체 내의 합성 반응을 생각하면 극히 상식적인 발상이다.

이에 반해, 〈그림 34〉 I 에 나타낸 생각은 원시 지구상에서 아미노산을 생성하는 반응 도중에 생기는 활성형의 중간체가 중합하여 고분자 화합물을 만들고, 이것이 화학 반응을 받아서, 아미노산의 중합체(폴리펩티드라고 총칭한다), 즉 단백질과 같은 화합물로 변했다는 생각이다.

두 번째 생각은 약간의 허점을 찌른 생각으로 최초로 생각해 낸 사람은 일본 오사카 대학의 아카호리 시로였다. 유리-밀러의 실험이 주목을 끌어 이 분야에 관한 연구가 활발해지려던 1955년경의 일이다.

아카호리가 제창하고 있는 원시 단백질 합성 방법은 〈그림 34〉 I에 나타냈는데 메탄과 암모니아에서 아미노산인 글리신이 만들어질 때의 활성중간체인 아미노아세트니트릴이 생성된 지점에서 중합 반응을 일으키고 만다는 것이다. 이렇게 해서 중합 반응에 필요한 에너지 공급 문제는 해결된다.

반응 에너지 문제, 예를 들면 아미노산에서 단백질을 만드는 것은 1층에 있는 아미노산이 3층에 올라가는 것과 같은 것이다. 아카호리의 훌륭한 점은 원시 지구상에서 아미노산이 만들어지기 일보 직전의 중간체, 예컨대 아미노아세트니트릴이 4층에 있는 것과 같은 것이라고 생각한 점이다. 이렇게 되면 3층으로 내려오는 데는 아무런 노고도 필요치 않게 된다.

중합 반응의 생성물은 폴리글리신이미드로 여기에 암모니아와 물이 반응하여 폴리글리신, 즉 글리신만이 중합하여 만들어지는 고분자 화합물로 변한다. 이 폴리글리신에 여러 종류의 화학 반응이 일어나서 단백질

Ⅰ. 활성중간체의 중합반응에 의한 원시단백질 생성(´아까호리설)

$$CH_4 \atop NH_3 \atop H_2O \Biggr\} \xrightarrow[\text{등}]{\text{방전}} \quad NH_2-CH_2-CN \xrightarrow{\text{중합}} \left(NH-CH_2-\underset{\underset{NH}{\|}}{C}-\right)_n$$

아미노산

메탄 암모   아미노아세트니트릴   폴리글리신이미드
니아 물   (아미노산 합성의
(원시대기)   중간체)

$$\xrightarrow[-NH_3]{+H_2O} \left(NH-CH_2-\underset{O}{\overset{\|}{C}}\right)_n \xrightarrow[\text{포름알데히드}]{\overset{\text{예를 들면}}{HCHO}} \quad -NH-\underset{HOCH_2}{\overset{|}{CH}}-\underset{O}{\overset{\|}{C}}-$$

폴리글리신   세린 잔기

→→→원시단백질

Ⅱ. 원시아미노산의 중합

$$\text{Ⅱa. } NH_2CH-COOH + NH_2-CH-COOH \xrightarrow[\underset{\text{증발}}{H_2O}]{\text{가열}} \left(NH-\underset{R_1}{\overset{|}{CH}}-CONH-\underset{R_2}{\overset{|}{CH}}-CO\right)_n$$

$$\phantom{\text{Ⅱa. }} \underset{R_1}{} \qquad \underset{R_2}{}$$

아미노산$_1$ 아미노산$_2$ 증발   원시단백질

$$\text{Ⅱb. } NH_2-CH-COOH + NH_2-CH-COOH \xrightarrow[\underset{\text{탈수제}}{H_2O}]{} \left(NH-\underset{R_1}{\overset{|}{CH}}-CONH-\underset{R_2}{\overset{|}{CH}}-CO\right)_r$$

$$\phantom{\text{Ⅱb. }} \underset{R_1}{} \qquad \underset{R_2}{}$$

$$\text{Ⅱc. } \left.\begin{array}{c} NH_2-CH-COOH \\ | \\ R_1 \\ + \\ ATP \end{array}\right\} \rightarrow \text{아미노아실-AMP} \xrightarrow[\text{점보}]{\text{중합}} \left(NH-\underset{R}{\overset{|}{CH}}-CO\right)_n$$

그림 34 | 원시 지구상에서 단백질이 생성되는 두 가지 경로

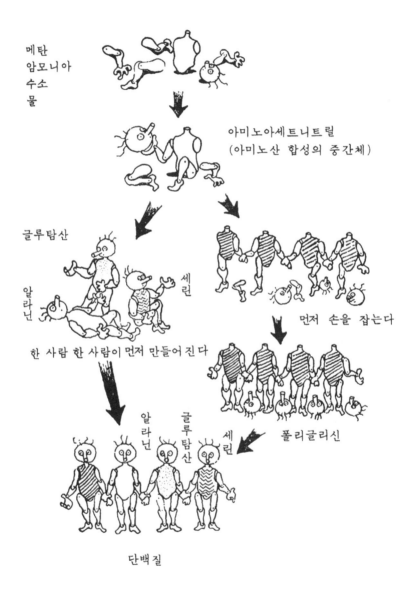

메탄
암모니아
수소
물

아미노아세트니트릴
(아미노산 합성의 중간체)

글루탐산

알라닌

세린

한 사람 한 사람이 먼저 만들어진다

먼저 손을 잡는다

알라닌 글루탐산 세린

폴리글리신

단백질

과 비슷한 화합물, 즉 글리신만이 아니고 그 외의 여러 가지 아미노산이 결합한 화합물로 변한다. 예컨대 그림 중에는 메탄과 물의 반응으로부터 생성되는 포름알데히드가 반응한 예를 들었으나 이렇게 중합하고 있는 글리신 잔기(단백질 중 글리신 부분)의 하나는 다른 아미노산, 세린이 중합한 것처럼 변해버린다.

원시 단백질 생성의 아카호리설

실제로 이렇게 해서 단백질과 비슷한 화합물이 만들어진다는 것은 아카호리 연구실에서 실험적으로도 증명되었다. 우선 아미노아세트니트릴을 가열하여 글리신이 만들어지는 것을 확인하고, 다음에 폴리글리신을 알데히드나 탄화수소와 반응시켜 글리신 잔기 가 다른 아미노산 잔기로 바뀌어 가는 것을 관찰했다. 이렇게 해서 이것이 실제로 원시 지구 환경에서 일어날 수 있는 반응이며, 원시 단백질 생성의 하나의 가능한 길이라는 것이 실험적으로 확인되었다. 이 생각을 원시 단백질 생성에서의 '아카호리설' 또는 '폴리글리신설'이라고 부른다.

외국에서는 그 후 시안화수소를 재료로 한 활성중간체로부터 폴리글리신이나 그것과 화학 구조상 가까운 중합체가 원시 지구 환경에서 만들어진다는 것이 실험적으로 증명되었다. 이것들은 기본적으로는 아카호리설과 같은 생각에 입각하여 원시 단백질 생성의 길을 찾고 있다고 말할

그림 35 | 아카호리 시로 박사

수 있다. 아카호리설과 비슷한 생각은 아미노산으로부터의 중합을 원시 단백질의 생성 기구라는 생각에 비하여 몇 가지 이점이 있다. 그 첫째는 이미 기술했던 거지만 중합 반응에서 특별한 에너지 공급을 필요로 하지 않는다는 것이다.

두 번째로 가장 중요한 점은 만들어진 폴리펩티드(아미노산 중합체) 가 생물이 만들어 내는 단백질과 화학 구조상 대단히 유사하다는 것이다. 생물계를 찾아보면 100여 종 이상의 여러 가지 종류의 아미노산이 존재 하지만 단백질을 구성하고 있는 아미노산은 단지 20종이다. 이 20종의 아미노산만이 단백질의 구성 아미노산이 될 수 있다는 것은 세균으로부터 사람에 이르기까지 모든 생물에 있어서 공통된 성질의 하나이다. 이는 모든 생물이 공통의 조상으로부터 갈려져 나왔다는 것을 암시하고 있다.

단백질을 만드는 아미노산

이 20종의 아미노산에는 화학 구조상 공통점이 세 가지 있다. 첫째는 모두 α-아미노산이라는 것이다. 아미노산은 아미노기 NH_2와 카르복시기 COOH를 모두 갖고 있는 분자인데 그것들의 상호 위치는 어디 있든지 관계없다. 보통 관용명에서는 카르복시기가 결합하고 있는 탄소 원자에 아미노기도 결합하고 있을 때 이것을 'α-아미노산'이라고 총칭하고 있다. 카르복시기가 결합하고 있는 탄소 바로 옆 탄소에 아미노기가 붙어 있으면 β-아미노산이다. 그다음 탄소에 결합하면 γ-아미노산이 된다.

둘째는 카르복시기와 아미노기가 결합하고 있는 탄소(위치의 탄소 원자라고 부른다)에는 반드시 수소 원자가 적어도 하나는 결합하고 있다는 것이다. 셋째는 위치의 탄소 원자는 글리신을 제외하고는 모두 비대칭 탄소 원자(여기에 대해서는 다음 장에서 설명한다)이고, L형의 입체 배치를 취하고 있다는 점이다. 즉 단백질은 L형 아미노산으로 만들어져 있다.

그런데 유리-밀러 실험에서 만들어지는 아미노산에는 단백질의 구성분이 아닌 아미노산이 많이 들어 있다. 예컨대 β-알라닌은 α-아미노산은 아니다. 따라서 생체 속에서 발견되는 것이기는 하지만 단백질의 구성 아

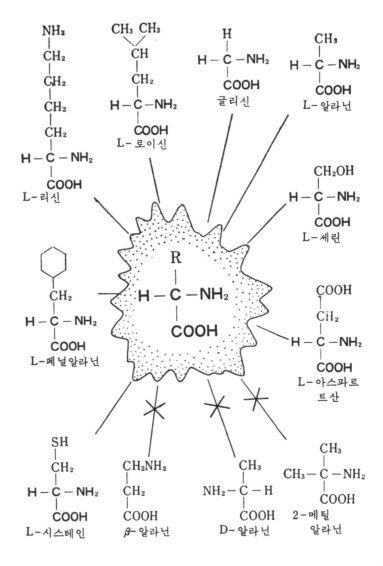

그림 36 | 단백질 구성 아미노산은 반드시 그림에서 굵은 글자로 나타낸 부분을 공통으로 갖고 있다

미노산은 아니다. 그러나 β-알라닌은 밀러의 최초의 실험에서는 언제나 검출된 아미노산이다. 또한 그 외의 사람들의 실험, 즉 에너지원으로 방전 이외의 열이나 자외선, 방사선 등을 이용한다든지, 메탄-암모니아 대신 일산화탄소나 시안화수소를 사용한 실험에서도 글리신, 알라닌 등과 더불어 비교적 잘 만들어지는 아미노산의 하나라고 한다.

그래서 β-알라닌은 원시 지구상에 비교적 대량으로 축적되었을 것이라고 생각된다. 다음에 소개하는 아미노산의 중합 반응을 원시 단백질의 생성 기구로 생각한다면 화학 진화의 어느 단계에서, 또는 원시 생물의 초기의 진화 과정에서 선택 기구가 작용하여 이러한 β-알라닌 등을 제거했을 것이다.

이것에 대하여, 아카호리설에 의해 만들어지는 폴리펩티드 화합물은 앞에서 나타낸 그림의 식으로도 알 수 있듯이 α-아미노기와 α-카르복시기 사이에 만들어지는 펩티드 결합의 반복이다. 요컨대 β-아미노산의 중합체이고, β-알라닌과 같은 β-아미노산을 구성분으로 할 염려는 없다. 또한 글리신의 메틸렌기 CH_2의 한쪽 수소 원자 H에서 치환 반응이 일어나 글리신 이외의 다른 아미노산 잔기로 치환되므로 CH_2의 또 한쪽 수소 원자 H는 그대로 남을 것이다. 즉 α-위치의 탄소는 반드시 한 개의 수소 원자를 갖게 된다.

이렇게 해서 앞에서 밝힌 단백질의 구성 아미노산으로서 갖추어야 할 세 가지 조건 중에서 두 가지를 완전히 만족시키고 있는 아미노산만으로 폴리펩티드가 만들어져 있다. 마지막 조건, 즉 '구성 아미노산은 L형이다'

라는 조건을 만족시킬 가능성에 대해서는 다음 장에서 취급하기로 한다.

어떻든지 간에 아카호리설에 의해 만들어지는 폴리펩티드 화합물에서는 구성 아미노산의 종류가 오늘날의 생물이 만들어 내는 것과 다름이 없거나 대단히 비슷해질 가능성이 높다. 원시 단백질은 화학 구조상에서 실물 단백질과 매우 유사한 것이 만들어진다는 것이다. 아카호리설을 받아들이면 화학 진화의 후반의 시대에서, α-알라닌과 같은 비단백질 구성 아미노산을 제거하는 기구를 생각할 필요가 없다. 이런 점에서 아카호리설은 많은 화학 진화 연구자들을 매혹시킨다.

아미노산의 중합 반응

아카호리설에 반해 아미노산의 중합 반응이 원시 단백질 생성의 주된 방법이라고 생각하는 사람도 많다. 또한 아카호리설을 받아들인다고 하더라도 화학 진화의 후반 시대에서는 폴리글리신으로부터 만들어진 원시 단백질이라도 구성 아미노산까지 분해되고 그것으로부터 다시 아미노산의 중합으로 단백질과 비슷한 화합물이 만들어지지 않으면 화학 진화는 그 이상 진행하지 못한다. 원시 단백질은 단지 합성되는 것만으로 되는 것이 아니라 분해되고 재합성되는 사이에 보다 치밀한 기능을 수행할 수 있는 단백질이 합성될 필요가 있다. 말하자면 단백질의 재합성을 통해 '도태'가 이루어지는 것이다.

그림 37 | 원시 단백질 합성에 이용한 하와이의 킬라우에아 화산의 분화구

다만 그 경우에는 이미 만들어진 원시 단백질의 도움을 받아서 중합 반응을 행해도 좋다. 어쨌든 생물의 탄생 이전에 원시 지구 환경에서 일어날 수 있는 중합 반응을 생각한다는 것은 화학 진화상에서 중요하다.

문제는 때때로 기술해 온 바와 같이 어떤 방법으로 에너지를 주어 아미노산을 활성화시키느냐에 있다. 몇 가지의 실험과 제안이 있지만 여기서는 대표적인 것 세 가지를 선택해서 소개한다.

처음에 소개하는 생각은 〈그림 34〉 IIa식으로 나타낸 것으로서 고열을 가하여 아미노산을 중합하려는 것이다. 보통 아미노산에다 열을 가하면 중합 반응은 일어나지 않고 그것보다 먼저 열분해를 일으켜 타르와 같은 것을 생성할 뿐이다. 그런데 1950년대 중반경에 당시 플로리다 대학에

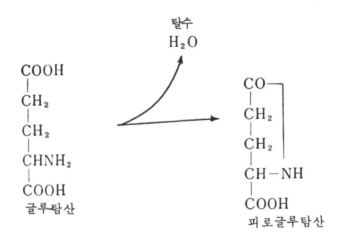

그림 38 | 글루탐산의 분자 내 탈수 반응

있던 폭스(추후 마이애미 대학)와 하라다(치구바 대학)의 두 사람은 글루탐산을 조금 많이 가한 아미노산의 혼합물을 150°~200℃로 가열하면 간단히 중합 반응이 일어나 폴리펩티드 화합물이 만들어지는 것을 발견했다.

원시 지구상에서 메탄이나 암모니아로부터 만들어진 아미노산이 녹아들어, 진한 아미노산의 용액을 이루고 있는 연못을 상상해 보자. 그 연못 근처에 화산의 분출이 있어 뜨거운 용암이 흘러 연못으로 흘러들어 가면 연못의 물은 심하게 끓어 없어지고 얼마 안 가서 아미노산의 혼합물이 바닥에 남게 된다. 거기에 또 용암이 흘러들어 가면 아미노산이 그 열에 의해서 중합한다. 이것은 원시 지구상에서는 있을 법한 광경이다.

그래서 폭스 등은 열에 의한 아미노산의 중합 반응이 원시 단백질 생성의 길이라고 생각했다. 실제 화산 열로 폴리펩티드가 만들어진다는 것을 증명하기 위하여 폭스 등은 용암에 아미노산을 발라서 그것을 하와이의 활화산의 분화구에 잠시 놓아두었다가 들어 올린 용암에서 단백질과 비슷한 폴리펩티드 화합물이 만들어져 있는 것을 관찰했다.

글루탐산을 좀 더 많이 섞어두면 열에 의한 아미노산의 중합 반응이 쉽게 일어나는 것은 글루탐산이 분자 내에서 탈수 반응을 일으켜 피로글루탐산을 만들기 때문이다(〈그림 38〉 참조). 피로글루탐산은 녹는점이 낮아서 약 160℃가 되면 액화한다. 거기에 다른 아미노산이 녹아들어 가서 탈수에 의한 중합 반응이 일어날 수 있게 된다는 것을 알았다. 후에 기술하는 바와 같이 이 방법은 예상되는 원시 단백질과 비슷한 화합물을 실험실에서 만드는 방법으로서 조작이 간단하기 때문에 잘 이용된다.

탈수제에 의한 아미노산의 중합 반응

아미노산의 중합 반응을 진행하기 위해서는 열에 의한 탈수 대신 적당한 탈수제를 가해도 좋다. 그렇다면 원시 지구상에서 얻을 수 있을 것 같은 탈수제를 생각하면 좋지 않겠는가라는 생각이 〈그림 34〉 IIb 식으로 나타낸 생각이다. 이 경우에는 탈수제가 물을 빼앗는 반응에서 에너지를 얻고 이것은 펩티드 결합을 만드는데 돌려지게 된다. 우선 생각되는 탈수제는 폴리인산이다. 실제로 폴리인산의 존재에서는 수용액 중에서

100℃ 이하라는 낮은 온도에서도 아미노산의 중합 반응이 일어난다. 폴리인산은 인산을 가열하면 만들어지기 때문에 원시 지구상에서도 화산 활동을 하고 있는 장소에서는 만들어졌으리라고 예상된다. 아니면 지구가 탄생했을 때 이미 광석으로 존재하고 있었을지도 모른다.

시안화수소와 암모니아에서 만들어지는 카르보디이미드(NH=C=NH)나 그것의 2량체인 디시안디이미드[NH=C(NH₂)-N=C=NH] 등도 대단히 좋은 탈수제다. 시안화수소나 암모니아도 원시 지구상에는 대량 존재했다고 생각되는 재료이기 때문에 이것들의 탈수제도 만들어져 있었을 것이다. 이러한 화합물을 사용하면 수용액 중에서 대단히 낮은 온도에서도 아미노산의 중합 반응이 일어난다. 예를 들면 카르보디이미드는 물 분자를 자기 자신이 흡수해서 요소로 변하고 펩티드 결합을 하나 만든다(〈그림 39〉 참조). 칼빈 등은 더 간단히 시안화수소 그 자체가 탈수제로 된다고 생각하고 있다.

앞에서 생체에서는 ATP에 의해 아미노산이 활성화되어서 중합 반응이 진행한다고 기술했다. 마찬가지로 원시 지구상에서도 우선 ATP(이 장의 끝에서 기술하지만 ATP는 원시 지구상에서 생성되었으리라고 생각되는 화합물이다)와 아미노산이 반응하여 생체 반응 때와 같은 활성중간체 아미노아실-AMP(〈그림 40〉)를 만들고 이것이 중합해서 폴리펩티드 화합물을 만드는 반응이 있었다고 생각하는 사람들도 있다. (〈그림 34〉)의 Ⅱc 식은 그 생각을 나타내고 있다.

이 반응은 기구적으로 생체 내에서의 단백질 합성 반응과 비슷한 점

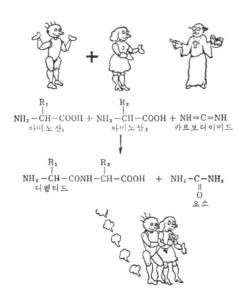

그림 39 | 카르보디이미드를 탈수제로 사용한 펩티드 결합의 생성 반응

에서 매력이 있다. 카차르스키를 중심으로 하는 이스라엘 화학자들은 이 반응의 원시 지구상에서의 가능성을 조사했다. 불행히도 저명한 고분자 학자이며 화학 진화에도 큰 공헌을 한 카차르스키는 텔아비브의 로드 공항 난사 사건의 희생자가 되어 죽고 말았다. 그의 죽음을 가슴 아프게 생각한 어떤 유럽의 일류 학술 잡지는 「생명의 기원」이라는 제목으로 종합 논문을 게재하여 그에게 조의를 표했을 정도다. 카차르스키와 그의 제자들의 연구 결과, 중합 반응은 점토상에서 일어나며 ATP와 아미노산이 축적하면 원시 지구상에서도 이런 형식의 반응으로부터 폴리펩티드 화합물이 생겼다고 추정했다. 이와 같은 생각할 수 있는 원시 단백질 생성 기

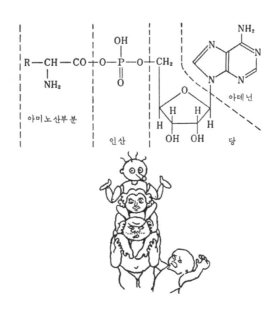

그림 40 | 아미노아실-AMP

구 중에서 어느 것이 정말 생명의 탄생에서 중요했는지는 알 수 없다. 아마 이 모든 반응은 실제로 일어났던 일들일 것이며 만들어진 단백질과 비슷한 폴리펩티드 화합물의 대부분은 많든 적든 간에 화학 진화상에서 어떠한 역할을 했을 것이다.

이렇게 해서, 아미노산이나 아미노산이 되기 일보 직전의 중간체가 성장해서 단백질과 비슷한 큰 분자가 만들어지는 데는 몇 가지 가능한 길이 있고, 어느 것이든 비교적 간단히 만들어질 수 있을 것 같다는 사실을 알게 되었다. 이와 같은 연구와 병행하여 유리-밀러형의 실험 또는 그것과 비슷한 실험에서 얻은 생성물을 자세히 분석하는 일이 행해졌다. 그 결과 폴리펩티드라고 생각되는 화합물, 즉 아미노산이 성장한 모양의 분자도 만들어져 있다는 것을 알게 되었다. 〈그림 34〉 I, II에 나타낸 것 중의 어느 반응에 의한 것인지, 또는 또 다른 기구인지는 알 수 없지만 어쨌든 방전 플라스크 내에도 아미노산과 더불어 단백질과 비슷한 화합물이 만들어져 있다. 특히 시안화수소를 출발 물질로 하는 타임머신이 붙어 있는 원시 지구 모형에서는 폴리펩티드 화합물 또는 그것에 가까운 화합물이 상당히 많이 만들어진다고 한다.

원시 단백질의 생성에 관해서는 또 다른 방법이 있었을지도 모른다. 아직도 연구해야 할 많은 것이 남아 있다. 아무튼 원시 지구상에서는 몇 가지 방법을 통하여 원시 단백질이 만들어졌다는 사실은 실험적으로도 확실한 사실이 되었다.

원시 핵산 출현의 길

단백질과 비슷한 화합물이 생성되는 메커니즘에 비해 핵산 유사체의 생성 기구는 조금 더 복잡하다. 핵산의 구성 단위는 염기와 당, 그리고 인산이라는 것은 앞에서 기술했다(114페이지). 먼저 염기와 5탄당(탄소수 5개의 당)이 결합하여 뉴클레오시드라고 총칭하는 화합물이 된다. 뉴클레오시드의 당 부분에 인산기가 결합한 것을 뉴클레오티드라고 한다. 핵산은 이 뉴클레오티드가 여러 개 결합해 만들어진 고분자 화합물, 즉 뉴클레오티드의 중합체이므로 화학 구조상 폴리뉴클레오티드라고 부를 수 있다.

핵산의 화학 구조로부터 생각하여 작은 분자인 염기나 당, 인산으로부터 폴리뉴클레오티드로 성장하는 제일보는 우선 뉴클레오시드가 만들어지는 것이다. 단백질의 경우와는 달라서 아미노산으로부터 한 번에 큰 분자로 진행되는 대신에, 단계적으로 뉴클레오시드나 뉴클레오티드라고 하는 중간 정도 크기의 분자로 성장한 다음에 큰 분자로 중합하는 것이다.

아데닌 등의 염기나 당은 원시 지구 모형을 사용한 실험에서 원시 지구상에서 만들어진다는 것이 알려져 있다. 그래서 뉴클레오시드도 합성될 수 있는지를 조사하기 위하여 아데닌과 리보스의 용액에 강한 자외선을 조사했더니 적당한 조건 아래에서 뉴클레오시드의 하나인 아데노신(아데닌에 리보스가 결합한 뉴클레오시드)이 얻어졌다. 수율은 매우 낮았지만, 화학 진화를 생각하는데 있어서는 시간은 충분히 있었으므로 조금씩이라도 축적만 되면 족하다. 실험적으로 반드시 확인된 것은 아니지만 아마 같은 방법으로 다른 뉴클레오시드류도 만들어질 것이다.

원시 지구상에서 뉴클레오시드가 만들어진다면, 그것과 인산과의 반응으로 뉴클레오티드도 만들어질 것이라는 생각으로 아데노신과 인산에 재차 자외선을 조사했다. 그 결과는 예상한 대로였다. 아데닐산(아데노신에 인산 잔기가 하나 결합한 것, 뉴클레오티드의 하나)이 만들어져 있음이 확인되었다. 다만 이 경우의 반응에는 탈수제로서 폴리인산이 가해졌다. 폴리인산 이외에도 원시 지구상에서 얻을 수 있을 것 같은 탈수제, 예

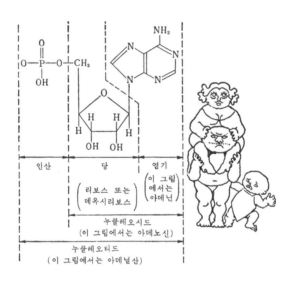

그림 41 | 뉴클레오티드의 구조

컨대 카르보디이미드 등으로도 반응은 진행된다.

　탈수제는 앞의 원시 단백질 생성 기구 때도 나왔지만, 뉴클레오티드나 뒤에 기술하는 ATP, 그리고 폴리뉴클레오티드 합성 때도 활약했으리라고 생각하고 있다. 또한 아미노산의 열에 의한 중합 반응과 같이 뉴클레오시드와 인산을 160℃ 정도까지 가열하면 뉴클레오티드가 만들어진다.

　아데노신을 구성하고 있는 당의 5'탄소에 인산이 3개 결합한 화합물인 아데노신3인산(ATP)은 생물에게는 특히 중요한 뉴클레오티드이다. 이것은 고에너지 화합물로서 화학 에너지를 운반하는 화합물이기 때문이다. 이것은 세포 내의 에너지의 출입을 원활하게 진행시키는 통화와 같은 것이다.

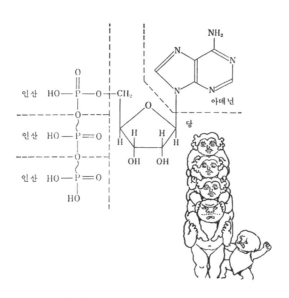

그림 42 │ 아데노신3인산(ATP)의 구조식. 당을 중심으로 인산 3분자가 결합한 화합물이다. '~'로 나타낸 결합이 고에너지 결합이다

ATP는 〈그림 42〉에 나타낸 것처럼 아데노신에 인산기가 3개 결합한 것이다. 그의 말단과 두 번째의 인산기 결합(그림에 파도 모양으로 나타냈다)은 고에너지 결합이라 불리고 가수분해하면 에너지를 방출한다. ATP가 생물에서 중요한 것은 이 인산 결합에 저장된 에너지가 다른 물질에 이동되어 그것을 에너지가 높은 상태로 만들 수 있기 때문이다.

생체 내에서는 에너지를 주고받는 일은 ATP를 매개로 해서 행해진다. 세포가 포도당(글루코스) 한 분자를 대사하면 산소 호흡을 하는 생물에서는 38분자의 ATP를 얻는 것은 앞에서 기술했다. 이와 같이 식물을 먹으면 에너지는 ATP의 형태로 얻고, 운동할 때는 근육에서 ATP가 소비된다.

ATP를 에너지의 '통화'로서 사용하는 것도 세균으로부터 사람에 이르기까지 모든 생물에서 공통적이다. 아마도 원시 세포도 ATP를 이용하여 성장이나 증식 등 생명 현상을 영위했을 것이다. 그러려면 ATP는 원시 생명 탄생 이전에 만들어져 있지 않았으면 안 된다.

아데노신에 한정되지 않고, 다른 뉴클레오시드의 3인산화합물에서도 같은 작용을 하는 능력을 갖고 있다. 그러나 생체는 특히 아데노신3인산을 이용한다. 그 이유에 관해서는 제4장에서 화학 진화의 입장에서 그 해답을 기술했다.

포남펠머 등은 ATP가 만들어지는 것과 그것이 어느 정도 만들어지는가를 조사하기 위하여 탈수제의 존재 아래에서 자외선을 조사하면서 아데노신이나 아데닐산을 인산과 반응시켰다. 그 결과 ATP의 합성이 증명되었고, 원시 시대의 태양의 복사에 의하여 아데노신이나 인산이 녹아 있는 원시 바닷속에 ATP가 축적되는 것을 예상하게 했다. 그들은 실험 결과를 정리하여, 조건에 따라서 좌우는 되지만, 상당수의 세포가 살아가는데 충분한 양의 ATP가 만들어진다는 것을 계산했다.

핵산은 이렇게 해서 만들어진 각종 뉴클레오티드가 중합하여 만들어지는 것이다. 여기서도 탈수제가 존재하면 반응이 비교적 쉽게 일어난다는 것이 실험적으로 제시되었다.

제7장

질서의 시작

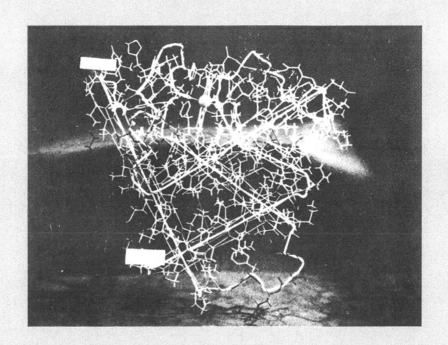

기능을 좌우하는 아미노산의 배열 순서

아미노산과 같은 작은 분자가 성장하여 단백질과 비슷한 큰 분자가 만들어진다고 하더라도, 단지 큰 분자가 만들어지는 것만으로는 생명의 탄생으로 이어지지 않는다. 큰 분자는 화학 진화 상에서 일정한 역할을 수행해야 할 필요가 있다. 다시 한번 단백질과 비슷한 화합물을 예를 들어 생각해 보기로 한다.

원시 지구상에서 생성된 폴리펩티드 화합물, 즉 원시 단백질이 화학 진화상에서 이룩해야 할 역할은 생물 세포 속에서의 단백질의 역할과 비슷한 것일 것이다. 제5장에서 기술한 바와 같이 단백질은 생체 내에서 촉매로서, 또는 막이나 리보솜 등 세포 구조의 구성체로서 작용하고 있다. 원시 단백질도 그것과 비슷한 작용을 갖는 것이 기대된다.

원시 단백질이 기대하는 것과 같은 작용을 하기 위해서는 현재의 생물화학의 지식에 의하면 아미노산이 특정한 배열을 갖고 있어야 할 필요가 있다. 앞에서 화학 진화라는 것은 잡다한 화학 반응으로부터 현재 생물의 세포 내에서와 같은 질서 있는 화학 반응으로 반응의 질적인 전환이라고 바꾸어 말해도 좋다고 기술한 바 있다. 그리고 그와 같은 질서 있는 반응을 가능하게 하는 요소가 효소 촉매이고 또한 세포라고 하는 구조체임을 지적했다. 그 물질적인 기초가 되는 단백질은 아미노산이 무질서한 순서로 중합해서는 바르게 작용하지 못하며, 역할을 수행할 수가 없다. 질서 있는 반응을 지배하고 있는 단백질은 그 자신이 질서를 갖고 만들어져 있지 않으면 안 된다.

마찬가지로 원시 단백질도 특정의 능력을 갖기 위해서는 특정한 아미노산의 배열이 필요하다. 이 방면의 사정은 트랜지스터와 저항, 콘덴서를 제멋대로 배선기판상에 배열하고 땜질해도 전혀 아무런 작용도 하지 않는 잡동사니가 만들어지는 것과 비슷하다. 설계도에 따라 바르게 부품을 배치할 필요가 있는 것과 같은 일이다.

여기서 우선 생물의 설계도를 보는 것부터 시작하기로 한다. 보통 효소단백질 등에서는 작은 것이 아미노산이 100개 정도, 큰 것은 400개 가까이 결합하고 있다. 지금 가장 작은 것으로서 100여 개의 아미노산으로 이루어진 단백질을 생각해 보기로 한다. 현재 인공 합성이면 20종의 단백질의 구성 아미노산을 정해진 순서대로 차례로 100회 중합하여 생명체가 만드는 단백질과 똑같은 것을 만들 수 있다. 물론 수율도 낮고 합성이 요하는 시간도 길어서, 도저히 생체 내에서의 반응과는 비할 수가 없지만……. 이렇게 해서 만든 단백질은 생물이 만드는 단백질과 같은 기능을 수행하는 것은 당연하다.

한편 원시 지구에서의 단백질 합성에서는 그것이 아카호리설과 같이 폴리글리신으로부터 만들어지든, 아미노산의 중합 반응에 의하든지 간에 아미노산이 결합하는 순서가 규칙 바르게 결정되어 있지 못하다. 지금 순서는 전혀 제멋대로이고, 다음에 어떤 아미노산이 이어지는가는 확률적인 것이었다고 하자. 또한 생물의 단백질과 같은 20종의 아미노산으로 되어 있고, 우연히 꼭 아미노산 100여 개가 중합되어 만들어진 원시 단백질만 있었다고 하자.

이 정도만 가정하고 아미노산 100개로 이루어져 있는 생물이 만들어 내는 단백질과 똑같은 아미노산 배열을 한 원시 단백질이 어느 정도의 확률로 나타나는가를 계산해 보면 실로 1 뒤에 0이 130개 붙은 수 분의 1이다. 제아무리 화학 진화 시대는 시간이 충분이 있었고, 지구라고 하는 이름의 큰 플라스크 속의 반응이라고 할지라도, 이것은 너무나 작은 값이다. 요컨대 그러한 확률을 기대하고 있어서는 생명은 50억 년이 지난 오늘날까지도 아직 탄생하지 못했을 것이다.

활성 중심이라는 급소

여기까지 기술한 이야기는 단백질 분자가 기능을 달성하는 데 끝에서 끝까지 아미노산의 배열이 하나라도 틀려서는 안 된다는 가정에 입각했다. 그런데 1950년대 후반에 단백질의 아미노산 배열 순서를 결정하는 방법이 발견되어 많은 단백질에서의 아미노산의 배열을 알게 되었다. 그 결과나 그 외의 단백질 화학의 연구 성과로부터 단백질의 기능을 달성하는 데는 분자의 구석구석까지 일정한 구조를 가져야 할 필요는 없다는 것을 알게 되었다.

단백질이 작용할 때는 단백질 분자 모두가 관계하는 것이 아니고 '작용 중심' 또는 '활성 중심'이라고 부르는 단백질 분자의 극히 특정 일부만이 관여하고 있다. 그래서 활성 중심 부근의 구조는 엄밀하지 않으면 안되지만 그 이외는 어느 정도 자유가 허용되는 것이다.

이것은 전자제품에 비유하면 같은 작용, 즉 증폭부의 기판이라고 해서 세계에서 단지 한 종류의 회로를 사용하고 있지는 않은 것과 비슷하다. 물론 기본적으로는 같을지라도 많은 변형이 허용되는 것이다.

그래서 같은 작동의 기판을 만든다 해도 A사, B사, C사가 각각 조금씩 그 규격이 다른 트랜지스터를 사용하고 있다든지, 저항값이 다르다든지 한다. 그중에는 이 저항이 5k 전후이면 4.7k이든 꼭 5k이든, 또는 5.2k 정도라도 좋다는 것도 있다. 단백질도 이것과 비슷하여, 똑같은 회로를 만들면 물론 같은 동작을 하지만 '핵심'만 같으면 그 이외의 장소는 변형이 허용되는 것이다.

실제 단백질에서 어느 정도의 자유도가 있는지 예를 들어보기로 한다. 생체 내의 산화 반응에 중요한 역할을 하고 있는 시토크롬C라고 하는 단백질이 있다. 시토크롬C는 미생물에서 사람에 이르기까지 널리 분포되어 있으며 그 기능은 거의 동일하다. 어느 생물 종의 시토크롬C이든 대개 100여 개의 아미노산의 중합체이다. 그러나 아미노산 배열은 종에 따라 조금씩 달라서 그것은 생물 진화의 역사를 반영하고 있다(〈그림 43〉 참조).

36종의 동물, 식물, 미생물에 대하여 각각의 시토크롬C의 아미노산 배열을 조사하면 104개의 아미노산의 배열 중 23개까지가 조사한 모든 생물 중에서 공통이었다. 그중 아미노기 말단 쪽으로부터 18번째와 19번째, 29~30번째, 67~68번째, 71~80번째의 네 곳에서는 모든 생물 종에서 공

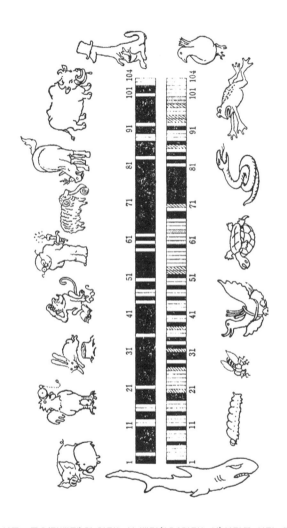

그림 43 | 시토크롬C(단백질)의 아미노산 배열(104아미노산)상단은 사람, 원숭이, 돼지, 소, 염소, 말, 개, 고래, 토끼, 캥거루, 닭, 칠면조, 펭귄 등 13종의 생물에서 공통적인 아미노산 배열 부분을 검게 칠했다.

하단은 오리, 비둘기, 거북, 뱀, 개구리, 다랑어, 가다랑어, 잉어, 상어, 칠성장어, 초파리, 파리, 모기, 누에, 콩, 참깨, 해바라기, 밀, 아주까리, 효모(2종), 곰팡이, 세균을 합쳐 합계 36종의 생물에서 얻은 시토크롬C에 관하여 공통적인 아미노산 배열은 ■, 어느 1종에 공통적 인 것은 ▨, 2종을 제거 하고 공통인 것은 ▦로 나타냈다.

통적인 아미노산의 배열을 하고 있다. 이 부분, 특히 71~80번째의 부분은 활성 중심의 근처로서 정해진 대로 아미노산이 배열되어 있어야 할 필요가 있으며, 그 이외의 장소에서는 어느 정도 자유로워도 괜찮은 것 같다. 이와 같은 현상, 즉 생물 진화를 통하여 단백질의 일부의 아미노산 배열이 변화되지 않고 보존되어 있는 것은 다른 단백질에서도 많이 알려져 있다.

활성 중심 부근의 극히 소수의 아미노산의 배열 순서만이 바르게 정해져 있으면 그 외의 부분에는 자유도가 허용된다면, 앞에서 말한 확률 계산은 훨씬 좋은 확률로 답을 수정하지 않으면 안 된다. 실제 효소단백질의 활성 중심을 흉내 내어 같은 아미노산 배열로 한 작은 펩티드만이라도 촉매 활성이 조금 있는 것도 알고 있다. 그 정도의 것이라면 원시 지구상에서 만들어지는 것을 기대해도 좋을 것이다.

원시 단백질의 아미노산 배열

한편, 앞 장에서 여러 가지 원시 단백질 생성의 가능한 방법으로 실험실에서 실제 만들어진 화합물인, 원시 단백질 모형을 조사하던 가운데서 그 아미노산의 배열 방법이 전혀 무질서한 것 같지는 않다는 것을 알게 되었다. 예컨대 글리신 다음에 글리신이 잇따라 결합되는 것과 글리신 다음에 알라닌이 계속되는 것, 글리신 다음에 로이신으로 되는 것과는 결합되기 쉬운 정도가 1 대 0.8 대 0.5 정도의 비율이라는 것도 알았다.

더욱 놀랄 일은 실물 단백질의 아미노산 배열에서는 글리신-글리신으로 연결된 부분과 글리신-알라닌으로 이어지는 부분, 글리신-로이신으로 이어지는 부분이 각각 1 대 0.7 대 0.3의 비율로 분포하고 있는 것도 알았다. 원시 단백질 모형과 실물 단백질 중에서 아미노산의 이어지기 쉬운 경향은 서로가 대단히 비슷하다는 것이다.

트랜지스터나 저항을 제멋대로 연결해 가면 어떤 작용을 하는 회로가 만들어진다는 일은 우선 있을 수 없다. 원시 단백질에서도 마찬가지로 아미노산이 제멋대로 배열된다면 어떤 특정 기능을 가진 단백질과 같은 아미노산 배열을 가진 것은 만들어질 것 같지 않다는 것은 앞에서 기술했다.

그러나 핵심 부분만 비슷하면 족하다. 아미노산은 배열되기 쉬운 것에는 일정한 경향이 있고 그것이 기능을 가진 실물 단백질에서의 경향과 비슷하기만 하면 원시 단백질 중에, 약하지만 생물체 내의 단백질과 같은 작용을 하는 것이 있어도 좋을 것 같다는 생각이 든다. 실험실에서 그 점을 확인하는 연구에 관해서는 다음 장에서 취급하기로 하고 여기서는 조금 더 원시 단백질의 구조에 규칙성을 만드는 이야기를 계속하기로 한다.

왜 20종의 아미노산에?

여기까지의 이야기는 원시 단백질을 만드는 아미노산이 현재의 생물이 만드는 단백질과 같이 20여 종의 아미노산에 한정되었다고 가정하고 배열의 문제만을 취급해 왔다. 그러나 원시 단백질의 구조상의 질서 문제는 아미노산의 배열뿐만 아니라 아미노산 자체를 어떤 모양으로 특정 20종의 것으로 한정하느냐 하는 어려운 문제도 갖고 있다. 아카호리설은 이 문제에 관하여 어느 정도의 해결을 부여하지만 완전하다고는 말할 수 없다. 앞 장에서 언급한 바와 같이 만일 아미노산의 중합 반응으로 단백질이 만들어진다고 하면, 원시 지구상에서는, β-알라닌과 같은 단백질 구성 아미노산이 아닌 아미노산은 축적되어 있었을 것이므로 어디선가 그것을 가려낼 필요가 있다.

그리고 유리-밀러 실험에서 얻는 알라닌은 그 광학적 활성이 L형인 것과 D형인 것이 혼합된 것이다. 단백질은 L형의 아미노산만으로 이루어져 있기 때문에 역시 D형의 것을 가려내서 제거하는 기구도 어딘가에 있었을 것이다.

더욱이 종류가 20종으로 한정된 것은 화학 진화 기간의 일이 아니고 생물 진화 시대의 극히 초기가 아닌가 하는 생각도 있다. 원시 생물의 단백질은 -알라닌 등도 구성 아미노산으로서 포함하고 있었을 것이라는 거다. 구성 아미노산이 상당히 많은 종류로부터 현재의 20종으로까지 줄어든 것은 물질의 진화 시대인지, 생물 진화 시대인지는 전혀 알고 있지 못하다.

여러분 중에는 아미노산의 종류를 늘이는 일이 진화이고, 줄이는 것은 퇴화가 아닌가라고 생각할 사람도 있을 것이다. 그러나 이것은 기계공업이 발달하면 기계의 종류는 늘어도 그것을 구성하는 부품은 거꾸로 규격화가 이루어져 종류가 줄어드는 것과 같은 것이다. 예컨대 옛날에는 나

그림 44 | 기계공업이 발달하면 부품의 규격화가 진행되는 것처럼, 진화에 따라 단백질을 만드는 아미노산의 종류는 줄어들었다

사못을 누구나 제멋대로 만들었기 때문에 그 종류가 무수히 많았으나, 오늘날은 일정한 규격이 정해져 불과 소수의 종류로 한정되었다. 유모차에서나, 제트기에서나 모두 같은 규격의 나사못을 사용하고 있다. 이와 같은 일을 생물의 세계에서는 35억 년이나 40억 년 이상 앞서서 행하여 구성 아미노산은 20종으로 한정되었다.

L형과 D형 — 광학활성체

태양빛이나 전구의 빛을 2개의 방해석을 발삼으로 붙인 프리즘(보통 니콜 프리즘이라고 부른다)에 통과시키면 편광이 얻어진다. 빛은 전자기파의 일종이며, 태양이나 전구의 빛 등 자연광은 빛의 진행 방향과 수직인 모든 방향으로 진동하는 전자기파이다. 이에 대해 편광이라는 것은 진동이 한 평면에 한정된 빛을 뜻한다. 니콜 프리즘은 진동이 특정 평면에 한정된 빛만을 통과시키는 빛의 관문이다. 그래서 또 하나의 니콜 프리즘을 사용하여 앞의 니콜 프리즘의 뒤쪽에 놓고, 만일 두 개의 프리즘 방향을 맞추어 놓으면 빛은 그 양쪽을 통과하기 때문에 시야가 밝게 보인다. 그러나 반대 방향으로 회전하면 빛이 통과될 수 없기 때문에 시야는 어둡게 된다.

19세기 초에 서로 직교한 두 개의 니콜 프리즘(따라서 빛은 통과하지 못하고 시야는 어둡다) 사이에 수정이나 설탕의 용액을 넣으면 시야가 밝아진다는 사실이 발견되었다. 제2의 니콜 프리즘을 조금 회전시키면 시야는 다시 어둡게 되기 때문에 수정이나 설탕 용액은 편광의 진동면을 회전시키고 있음을 알게 되었다. 그래서 시야를 어둡게 하기 위해서 제2의 니콜 프리즘을 오른쪽으로(시곗바늘과 같은 방향) 회전시킬 필요가 있는 물질은 우선성(右旋性) 또는 형, 왼쪽으로 회전시켜야 되는 것을 좌선성(左旋性) 또는 형으로 부르게 되었다. 이와 같은 성질을 갖고 있는 물질을 광학활성체(光學活性體)라고 부른다.

그 후에 파스퇴르는 타르타르산에는 화학식이나 녹는점 등의 성질이 똑같으면서 선광성만이 반대인 2종의 타르타르산이 존재하고 있으며, 그때까지 포도산으로 알려져 왔던 화합물은 우선성의 타르타르산과 좌선성의 타르타르산의 1대1 혼합물임을 증명했다. 금세기 초에 이르러 광학활성을 가진 화합물에는 비대칭 탄소 원자가 있음이 밝혀져 선광성은 분자 구조의 문제임이 확실해졌다.

비대칭 탄소 원자란 〈그림 46〉과 같이 탄소의 4개 원자가에 각각 다른 원자나 원자단 W, X, Y, Z를 갖는 것으로서 그림 A, B와 같이 어떻게 움직여 보아도 서로 겹쳐지지 않는 한 쌍의 공간적 배치가 존재한다. 이 A와 B는 간단히 말해서 오른손 손바닥과 왼손 손바닥의 관계로서 어떻게 손바닥을 돌려보아도 겹쳐 놓을 수 없다. 아니면 실물과 거울 속 상과의 관계로 좌우대칭이다. 그래서 화학의 세계에서도 A와 B를 대장체(對掌體)의 관계에 있다든가 경상(鏡像) 관계에 있다든가 하는 말을 써서 각각이 우선성, 좌선성임을 나타낸다.

그 후 빛의 선광성 자체는 파장에 의존하는 것으로 절대적인 것은 아

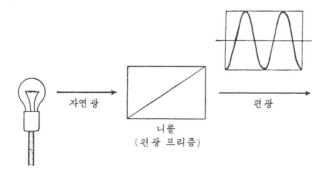

그림 45 | 편광

니라는 것을 알게 되어 현재는 글리세르알데히드를 기준으로, 실제의 선
광성과는 관계없이 입체 구조에 따라 D형과 L형으로 구분하고 있다.

생명의 도장 — 비대칭 합성

앞에서 때때로 기술한 바와 같이 생물체의 단백질 구성 아미노산은
L형, 즉 L형의 글리세르알데히드로부터 유도되는 입체 구조를 가지고
있으며 D형의 것은 사용되지 않는다. 또한 당류는 주로 D형, 특히 핵산
의 구성 성분으로 되어있는 리보스는 D형으로 한정되어 있다. 이것은
생체 반응의 특색인 어떤 높은 질서에 유래하는 것으로 생물의 반응에
서는 일반적으로 D형, L형을 분명히 구분하여 어느 것인가 한쪽만을 반
응에 관여시키기 때문이다.

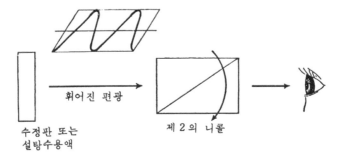

휘어진 편광

수정판 또는
설탕수용액

제 2 의 니콜

　거꾸로 생체 반응의 질서의 정도를 지탱하고 있는 것은 단백질의 광학
활성체인 아미노산에 의해 만들어져 있는 것과 깊은 관계가 있다. 광학활성
체, 즉 비대칭 탄소 원자라고 하는 구조상의 비대칭성을 포함하는 아미노산
을 구성 성분으로 하고 있기 때문에 단백질로 만들어져 있는 촉매=효소는
복잡하지만 일정한 입체 구조를 갖는다. 효소 단백질의 입체적 구조야말로
생명 현상의 특징인 질서 있는 반응의 비밀이고 생체 반응에서 D형이나
L형의 광학활성체의 한쪽에만 선택적으로 작용하는 기초가 되어 있다.

　또한 핵산이나 생물의 자기 복제 능력의 물질적 기반으로서 작용하게
되는 것은 핵산의 이중나선 구조에 그 비밀이 있는데 이것도 구성 성분의
당 부분이 D형으로 갖추어져 있는 까닭이고, 만일 D와 L이 섞여 있다면
나선 구조를 만들 수 없다. 이처럼 광학활성체의 한쪽을 선택하는 것은
생명의 특성과 깊은 관계가 있고 이 선택이 어떻게 해서 이룩되었는지는
화학적 진화 연구가 당면한 과제 중 하나다.

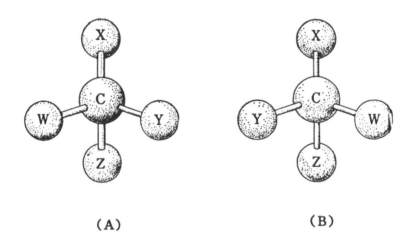

(A)   **(B)**

그림 46 | 비대칭 탄소 원자. 오른쪽과 왼쪽의 것은 어떻게 움직여도 서로 포갤 수가 없다

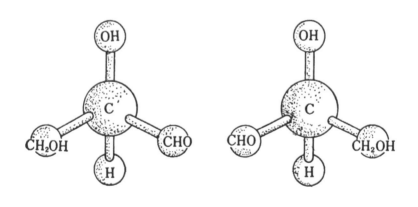

D-글리세르알데히드   L-글리세르알데히드

그림 47 | 글리세르알데히드의 D형, L형 입체 구조

광학활성체가 D형과 L형 어느 쪽이든 한쪽을 보다 많이(원하건대 절대적으로) 합성하는 것을 비대칭 합성이라고 부르고 있다. 일반적으로 생체 반응은 100%의 비대칭 합성이고, 그것은 효소단백질이라는 비대칭 탄소 원자를 포함하는 화합물에 의해 반응이 촉매되기 때문이다. 반대로 사람이 시험관 속에서 행하는 반응에서는 특별한 노력을 들이지 않는 한 D형과 L형이 1대1로 섞인 라셈체라고 불리는 것이 만들어진다.

비대칭 합성을 할 때는 천연에서 얻는 비대칭성을 가진 화합물의 도움을 빌리는 경우가 많다. 말하자면 비대칭 합성에는 비대칭성을 가진 물질의 존재가 요구된다. 그래서 양친에서 양친으로 바로 생물의 기원을 거슬러 올라가면 생명의 기원에 도달하는 것처럼 비대칭성을 갖는 화합물의 유래를 더듬어 가면 언젠가는 원시 지구상에서 최초의 비대칭 합성이 어떻게 해서 일어났는가가 된다.

비대칭 합성이 언제부터 시작되었는지는 잘 모른다. 최초의 생물은 현재의 것과는 비교가 되지 않을 만큼 저급한 것으로서 비대칭성을 가진 화합물에 대한 선택, 즉 입체 구조에 대한 특이성도 불완전한 것이었는지도 모른다. 현재의 생물과 같은 엄밀성은 훨씬 후에 생물 진화를 통해 완성된 것인지도 모른다. 그러나 불완전하다고 할지라도 전혀 비대칭 합성이 없는 생물은 생각하기 어렵기 때문에 화학 진화의 언제인가 비대칭 합성 반응이 시작되었을 것이다.

아마도 최초는 D형이나 L형의 어느 쪽에 아주 조금 기울어져 있었을 것이다. 그러나 약간의 기울어짐이라고 할지라도 일단 만들어져 버리면

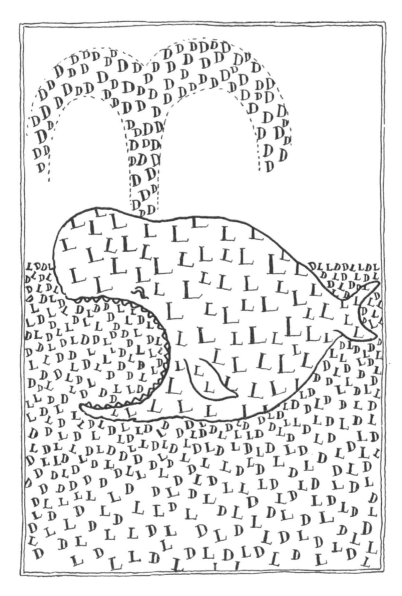

그림 48 | L이나 D 어느 한쪽만을 선택하는 것이 생명의 특성

그것을 증폭하여 넓혀갈 수는 있다. 비대칭의 세계는 아주 작은 구석으로 부터 시작되어 서서히 확대되어 간 것이다.

원시 지구상의 비대칭 합성

원시 지구상에서 일어난 비대칭 합성을 조사한다는 것이 생명의 탄생을 다루는 데 얼마나 중요한가는 앞의 설명에서 알게 되었으리라고 생각된다. 그렇다면 어떻게 해서 최초의 비대칭이 일어났느냐고 하면 생명의 기원의 연구자들도 확신을 가지고 답할 수는 없다. 지금까지 검토된 답 중 몇 가지에 대하여 다음에 간단히 소개해 둔다.

앞에서 비대칭 원자를 가진 화합물의 이야기를 편광에서부터 시작했는데, 편광과 비대칭은 서로 깊은 관계를 갖고 있다. 그래서 그 관계를 이용하여 비대칭 합성을 설명할 수 없을까 하는 것은 누구나가 생각하는 일이다. 실제 원편광을 써서 비대칭 합성이 이루어지는 것이 몇 가지 실험에서 나타나 있다. D형과 L형 사이에서 한쪽으로 기울어짐, 과학 용어로 말하면 비대칭은 그다지 높지는 않지만, 비대칭 합성의 최초는 그것으로 충분하다.

원편광이라는 것은 처음에 설명한 편광(엄밀하게는 직선편광)과는 달라서 빛의 진행 방향을 나타내면 〈그림 49〉 위처럼 나선상으로 진행하는 빛이다. 직선편광은 한 평면 내의 싸인파다. 편광에는 직선편광과 원편광

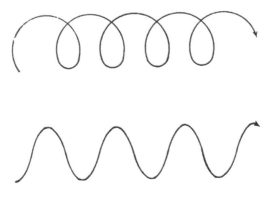

그림 49 │ 원편광(상)과 직선편광(하)

의 두 종류가 있어서 실험실에서는 니콜 프리즘을 통해 얻는 직선편광을 간단히 원편광으로 바꿀 수 있다. 원편광은 나선의 교임이 오른쪽 꼬임, 왼쪽 꼬임의 두 종류가 있어 각각 우원편광(右圓偏光), 좌원편광(左圓偏光)이라 부른다.

자연광은 모든 방향으로 진동면을 갖고 있는 직선편광이 섞인 것인데 원편광의 입장에서 보면 우원편광과 좌원편광이 1대1로 혼합되어 있다. 그래서 원시 지구상에, 태양빛 중에서 운 좋게 오른쪽이나 왼쪽의 어느 쪽의 원편광을 많게 하는 기구가 있으면 원시 지구상의 비대칭성 반응의 가능성의 하나가 될 것이다.

어떤 사람은 공기 중의 먼지로 산란된 태양빛이 지자기(地磁氣)의 영향 아래에서 바다나 연못에서 반사하면 우원편광으로 충분한 것이 된다고 생각하고 있다. 또한 월면(月面)에서 반사한 빛에서도 원편광이 얻어진다고 생각하는 사람도 있다. 그렇다면 원시 지구상의 비대칭 합성의 역사는 밤에 이루어진 것이 된다. 더욱 다른 가능성으로는 방사성 원소 코발트60이 방출하는 감마선은 원편광이고, 이것을 에너지원으로 하는 반응은 원시 지구상에서 충분히 일어났었을 것이라고 생각하는 사람도 있다. 그리고 그 반응은 물론 비대칭 합성 반응이었을 것이다.

수정이 씨가 되어 비대칭 합성이?

역사적으로도 선광성의 발견의 계기가 된 최초의 물질의 하나는 수정이다. 그렇다고는 하지만 수정은 탄소를 갖고 있지 않으므로 비대칭 탄소 원자에 의한 것은 아니고 결정 구조상에 비대칭성이 있어 그것 때문에 선광성을 나타내는 것이다. 즉 수정에는 우수정과 좌수정이 있고 그 결정 구조는 서로 대장체의 관계에 있다(〈그림 50〉 참조). 수정은 지각을 구성하는 주요 성분이기 때문에 원시 지구상에도 충분히 존재하고 있었을 것이다. 수정과 같은 비대칭성을 가진 물질을 촉매로 하면 비대칭 합성이 간단히 이루어지는 것은 당연한 일이다.

예를 들면 유리-밀러 실험에서 알라닌(이것은 D, L 양쪽의 혼합물)이 만들어지기 일보 직전의 중간체는 α-아미노프로피온니트릴 $NH_2-CH(CH_3)-CN$이다. 물론 이 중간체도 유리-밀러 실험을 통해 얻어진다. 이것을 우수정에 흡착시키고 나서 다시 반응을 진행시키면 L

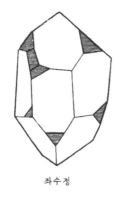

좌수정　　　　　　　　우수정

그림 50 │ 수정의 결정 구조

형 알라닌이 많이 만들어진다. 수정을 사용하여 비대칭 합성이 이루어질 수 있음을 나타낸 것이다. 유리-밀러 실험에서 바다에 해당하는 플라스크 속에 우수정을 넣어두면 메탄-암모니아로부터 비대칭 합성이 가능할 것이다.

문제는 보통 수정은 우수정과 좌수정이 1대1로 섞인 것으로서 어떻게 해서 한쪽만을 분리하여 얻느냐 하는 것이다. 일부 사람은 어쩌면 어느 한쪽의 결정형이 많은 수정이 천연에도 있을지 모른다고 생각하여 여러 곳에 있는 수정의 결정 구조를 열심히 조사하고 있다.

앞에서 파스퇴르가 당시 포도산으로 알려져 있던 화합물이 D형과 L형의 타르타르산의 1대1의 혼합물, 즉 라셈체임을 증명한 것을 기술했다. 이때 파스퇴르는 포도산의 결정에는 결정형이 다른 두 종류가 있음을 발견하고, 정성들여 현미경으로 보면서 핀셋을 갖고 작은 결정을 그 모양에 따라 하나하나 나누어갔다.

　보통 라셈체는 라셈체 결정을 만들고 말지만, 어떤 특정한 조건 아래에서는 D형과 L형이 몇 개의 결정을 갖고 결정화한다. 파스퇴르는 다행히도 그 조건을 만났던 것이다.

　그와 같은 분별 결정이 일어나면 이것도 일종의 비대칭 합성이다. 제일 간단한 조건은 D형이나 L형의 작은 결정을 씨로 심어 놓은 것이다. 그렇게 하면 씨 쪽만이 결정화된다. 물론 그 씨는 비대칭 합성으로 만들어졌을 것이므로 일반적으로는, 이것이 처음의 비대칭 합성의 기구라고는 생각하기 어렵다. 씨는 다른 화합물의 결정이라도 좋으므로, 혹은 우수정(또는 좌수정)이라도 좋을지도 모른다.

　그러나 앞에서 기술한 바와 같이 우나 좌의 수정으로 기울어져 존재하는 일은 아직 알려져 있지 않기 때문에 이와 같은 기구는 역시 최초의 비대칭 합성의 답이 아닌지도 모른다. 그러나 비대칭 세계의 확대에는 도움이 되었을 것이다. 예를 들면 원시 지구상의 아미노산이 진하게 녹아 있는 연못을 상상해 보자.

　우연히 여기에 비대칭 합성으로 만들어진 L형 아미노산의 결정 하나가 바람을 타고 날아들었다. 이것이 씨로 작용하여 L형 아미노산은 결정화되어 바닥에 저장되고, D형은 이윽고 흘러나가 버린다. 이렇게 하여 L형 아미노산 중심의 연못이 생성되고, 곧 연못의 가장자리에 있는 L형 아미노산의 결정은 바람에 실려 다른 연못으로 운반되어 거기도 L형의 연못으로 바뀐다. 이렇게 해서 점차로 L형의 세계가 확대되어 간다.

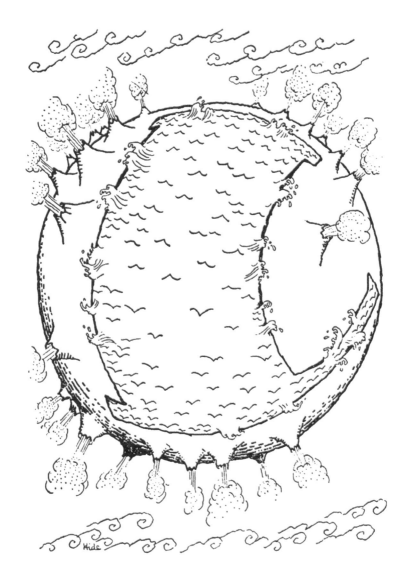

그림 51 | L형 아미노산의 호수가 확대된다

실험실에서도 때때로 실험실의 먼지 중에 들어 있는 미소한 결정이 씨가 되어 라셈체의 분별 결정화가 일어나는 것이 알려져 있으므로 앞에서 말한 광경은 화학 진화 시대에도 실제로 있을 법하다.

비대칭 세계의 확대

고분자 화합물로 분자가 성장할 때 동시에 비대칭성도 성립하지 않을까 생각하는 사람들도 있다. 제6장에서 설명한 원시 단백질 생성의 아카호리설은 단지 펩티드 결합 형성에 즈음하여 에너지 문제를 해결하여 구성 아미노산의 종류를 아미노산에 한정한다. 또 질서 있는 구조로 일보 가까워질 뿐만 아니라 비대칭 합성인 점에서도 흥미가 있다.

최후의 단계는 글리신의 메틸렌기 CH_2의 한쪽 수소가 공격을 받아 다른 기로 치환되는 반응이었다(〈그림 34〉 참조). 이때 수소의 정해진 쪽의 한쪽이 보호되면, 예컨대 점토 표면에 특정한 모양으로 흡착되어 한쪽에서만 공격을 받게 하면 만들어지는 원시 단백질의 구성 아미노산은 D형이나 도형 어느 한쪽으로 정해진다. 다만 이것은 가능성을 말하는 것이지 실제적으로 증명되어 있지는 않다.

최초의 비대칭 합성에는 익숙하지 않지만 아미노산이 잇따라 결합되어 연장될 때 우연히 L형의 아미노산이 결합되면 그 앞에는 더욱 L형 아미노산이 결합되기 쉽고, D형을 배제하려는 경향이 있다. 이것도 비대칭 세계의 확대에 쓸모 있는 현상이다. 또한 중합을 시작하는 최초의 출발 재료에서 D형과 L형의 쏠림이 있으면 초기에는 많은 쪽이 중합해 간다. 예를 들면 L형 알라닌을 D형보다 조금 많이 섞어서 중합시키면 L형 알라닌을 훨씬 많이 포함한 중합체가 형성된다. 원시 지구상에서는 이렇게 근소한 비대칭률을 증폭시켜 큰 값으로 하는 것도 가능했을 것이다.

또 하나 다른 생각은 촉매 반응이다. 자촉 반응(自觸反應)을 생각하면 최초에 D형이든 L형이든 우연히 최초의 한 분자가 만들어지면 그 분자가 촉매가 되어 자기와 같은 분자를 만드는 반응을 촉진한다. 그 결과 최초의 분자가 만일 L형이면 L형만 만들어지는 반응이 되어 버린다. 문제는 그와 같은 잘된 반응이 있는지 어떤지가 문제다.

그 점에 관해서도 구체적으로 두셋의 반응이 조사되어 원시 지구상의 비대칭 합성 기구의 하나일 가능성이라고 해도 좋을 것이라고 말하고 있다. 최초의 비대칭 합성이 될 수 없지만 때마침 국지적으로 L형 아미노산이 많은 연못이 생겨, 거기에서 L형 아미노산을 구성 성분으로 하는 원시 단백질이 만들어지면 비대칭 세계가 확대되어 갈 수 있는지도 조사되었다.

아카호리설에 따라 L형 아미노산으로 만들어진 원시 단백질이 생겨났다고 해도 좋다. 그와 같은 단백질의 모형으로서 L형 아미노산의 중합체를 화학적 합성으로 조사해 보면 촉매로서 광학활성체의 한쪽에만 선택적으로 작용하는 성질을 갖는, 즉 비대칭 촉매로 되는 것이 실험적으로 증명되어 있다. 여기서 원시 단백질은 촉매이기 때문에 매우 소량만 있으면 된다. 반응이 계속되어 오랜 시간 후에는 막대한 양의 비대칭 합성이 진행되며 이렇게 해서 비대칭 촉매가 출현하면 비대칭 세계는 비약적으로 확대되어 간다.

여기까지의 이야기에서는 D형, L형 어느 한쪽이 조금 더 많이 만들어지는 기구를 생각해 왔다. 생물의 단백질은 L형 아미노산으로 만들어져 있지만, 왜 D형이 아니고 L형인가는 알 수 없다. 물론 양쪽이 혼합된 것이면 안 된다. 그러나 D형만으로 되어 있더라도 좋을 법하다. 많은 사람은 이것은 우연이고, 마침 L형으로 되었을 뿐 깊은 의미는 없다고 생각하고 있다. 만일 그렇다면 지구 외의 어떤 다른 별에는 D형 아미노산의 단백질로 되어 있는 생물이 있어도 좋을 것 같다. 그러나 장래 우주의 모든 생물이 L형 아미노산을 이용한다는 것을 알게 되면 L형이 아니면 안 되는 이유를 찾게 될 것이다.

제8장

원시 세포의 탄생

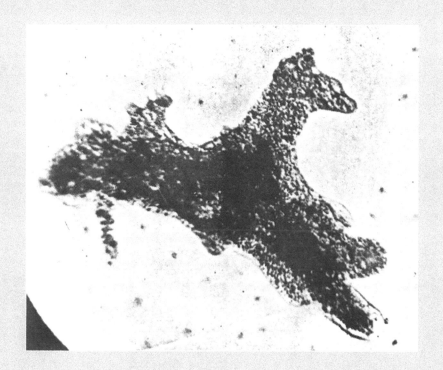

원시 유기물의 독립 선언

다시 전자제품을 예를 들어보면, 여기까지는 트랜지스터, 저항, 콘덴서 등의 부품(원시 지구상에서는 아미노산이나 당)이 만들어지는 것, 그리고 이 부품들은 그렇게 제멋대로가 아니고 기판 위에서 회로(원시 단백질이나 원시 핵산)를 만든다는 데까지 설명했다. 그다음에 텔레비전이나 스테레오(원시 생물)가 만들어지기 위해서는 이 기판들이 잘 작동하는지를 테스트하고 기판들을 바르게 조립하는 일이다. 여기서는 우선 원시 단백질의 기능을 테스트하는 것부터 시작하기로 한다.

아직도 알지 못하는 데가 많지만 어떻든 원시 단백질은 제6장에서 기술한 그 어느 기구에 의해 생성되었을 것이다. 앞 장에서 조사한 바와 같이 그 구성 아미노산은 L형의 α-아미노산에 한정되어 있고 또한 아미노산의 배열에 있어서도 어느 정도의 규칙성이 있는 어떤 구조를 갖고 있는 것이 만들어질 가능성도 있다. 그렇다면 원시 단백질과 비슷한 화합물을 만들어 보면 그것은 단백질이 생물세포 내에서 행하고 있는 작용과 비슷한 기능을 갖고 있지 않겠는가라고 기대를 걸어 보는 것은 당연한 일이다.

그래서 그와 같은 규칙 바른 원시 단백질의 모형의 하나로서 L형의 아미노산에 열을 가하여 중합한 폴리펩티드 화합물이 사용된다. 또한 어떤 경우는 원시 지구 환경에서 일어나는 반응은 아니지만 아미노산을 N-카르복시 무수물의 형태로 변화시켜 활성화하고 그것을 중합함으로써 단백질과 비슷한 폴리펩티드 화합물을 만들어 그것을 원시 단백질 모형으로 하는 경우도 있다.

이 원시 단백질 모형에서는 예상한 대로 촉매 작용이 발견되고 있다. 물론 실물 효소에 비하면 대부분의 경우 몇만분의 1도 되지 않는 미약한 것이다. 또한 효소의 특징인 특이성도 낮다. 그러나 원시 단백질에 촉매 작용이 있다는 것은 화학 진화상에서는 큰 의미가 있다.

물론 그 첫째 의미는 오늘날의 효소의 기원으로서의 의미다. 화학 진화의 시대를 통하여 더욱 활성이 높고 더욱 특이성이 높은 것으로 선택되어 갔을 것이며, 또한 생물 진화를 통해서도 더욱 고도의 것으로 변화되어 갔을 것이다. 다만 그 화학 진화 시대의 선택 기구는 잘 알고 있지 못하지만.

원시 단백질의 촉매 활성은 동시에 화학 진화 그 자체에도 큰 영향을 주었다. 예컨대 ATP와 같은 인산에스테르 결합을 함유하고 있는 화합물을 생각해 보자. 원시 지구상의 어떤 연못 속에서는 ATP는 상당히 안전하게 존재할 수가 있다. ATP의 가수분해를 촉진하는 것은 온도라든지 연못의 pH 등으로서, 요컨대 ATP의 운명은 지구 환경에 의해 좌우되었을 것이다. 그런데 원시 단백질이 만들어지고 나면, 그 의미가 바뀌고 만다.

인산에스테르를 가수분해하는 효소와 비슷한 활성은 원시 단백질 모형을 만들어 보면, 비교적 쉽게 발견된다(물론 효소에는 비할 수 없을 만큼 낮은 활성이지만). 대개 원시 단백질이 만들어지면 그 후에도 ATP의 가수분해를 촉진하는 활성이 있었을 것이다.

그 결과 그때까지는 특히 온도가 높아진다든지 pH가 변동하지 않는 한 연못 속에 안정하게 녹아 있던 ATP는 원시 단백질의 촉매 작용으로

그림 52 | 유기물이 유기물을 지배한다 ─ 유기물의 독립 선언

분해된다.

이제야 유기화합물의 하나인 ATP의 존재도 역시 유기물의 한 무리인 원시 단백질의 다소에 의하여 지배받게 되었다. 결국 유기물의 운명은 유기물이 장악하게 된 것이다. 이런 의미에서 원시 단백질에 의한 촉매 작용의 출현은 지구상에 있어서 유기물의 "독립 선언"이라고 말해도 좋을 것이다.

연못이나 바다는 유리-밀러 실험 시 밑의 플라스크의 수중과 같이 유기물로서는 방전이나 자외선에서 몸을 숨기고 여유 있게 활동할 수 있는 안식처가 되었다. 그것이 일단 원시 단백질로 되면 그 사정은 조금 달라진다.

단백질의 촉매가 여러 가지 화학 반응을 일으킬 수 있게 만든 것이다. 그곳은 얼핏 보면 조용한 것처럼 보이지만 유기물이 다른 유기물로 잇따라 그 모습을 바꾸어가는 여러 종류의 화학 반응이 진행되어 방전이나 자외선으로는 만들어낼 수 없는 유기물도 연달아 만들어낼 수 있게 된 것이다. 또한 몇 개의 화학 반응이 합쳐져서 일련의 화학 반응계, 즉 극히 원시적인 대사계도 성립되게 되었을 것이다. 이렇게 해서 유기물은 연못 속에서의 편안한 잠에서 눈을 뜨고 최초의 생명의 탄생을 향해 촉구된 것이다.

세포의 기원? 코아세르베이트

드디어 생명의 특성의 하나인 대사 능력의 원시적 모습이 출현하는 데까지 도달하고 말았다. 다음 문제는 세포라고 하는 이름의 '주머니'를

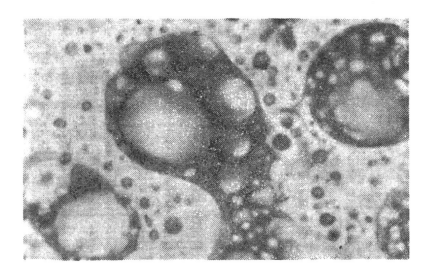

그림 53 | 코아세르베이트

준비하는 일이다. 세포가 어떻게 해서 출현했는지는 전혀 알 수 없다. 그렇지만 몇 개의 가능한 방법이 추측되고 있다. 여기서는 그 대표적인 것을 소개해 보기로 한다.

첫째 생각은 오파린이 제창한 것으로서 코아세르베이트를 세포의 기원으로 생각하는 것이다. 단백질과 같은 친수 콜로이드라 부르는 종류의 분자에 알코올이나 염을 천천히 가하면 상분리(相分離)라고 하는 현상을 일으켜 콜로이드 분자가 많이 모여 작은 액적(液滴)을 만드는 현상이 있다. 이 액적을 코아세르베이트라고 부르고 있다. 이 현상은 네덜란드의 콜로이드 학자 브겐베르그 데 용그가 발견했다. 오파린은 이 코아세르베이트를 세포의 선구체(先驅體)로 생각했던 것이다.

코아세르베이트 속에서는 고분자는 수십 배의 농도로 농축되어 보통 수용액 중에서는 일어날 수 없는 특별한 반응을 가능하게 할 것이다. 실제로 오파린은 여러 가지 코아세르베이트를 만들어 이 속에서는 고분자 물질이 농축되고 또한 아미노산이나 색소도 선택적으로 농축되는 것을 발견했다.

그리고 그는 실물 효소를 써서 코아세르베이트를 만들고 외부로부터 유기물을 가해서 이것이 코아세르베이트 속에서 '대사'되는 것도 확인했다. 실물 효소, 즉 생물이 만들어낸 효소를 사용하고 있어서 완전히 인공적이라고는 말할 수 없고 화학 반응이 단순한 것이기는 하지만, 효소가 첨가된 코아세르베이트는 외계와 칸막이를 갖고 구분되어 있으며 외계에서 물질을 받아들여 화학 반응을 일으키고 생성물은 다시 외계로 방출하는 능력을 갖고 있다. 자손을 남기는 능력은 없지만 그 밖의 생명의 특성을 어느 정도 만족시키는 것이라고 말할 수 있다.

마이크로스피어라고 하는 원시 세포 모델

폭스 등은 이에 반하여 아미노산을 열로 중합시켜 만든 폴리펩티드 화합물, 앞장에서 원시 단백질 모형으로 사용된 것이 만들어내는 구상의 구조를 가진 알맹이를 원시 세포의 모델이라고 생각했다. 아미노산에 열을 가하여 중합한 폴리펩티드 화합물을 뜨거운 물에 녹여 그것을 식히면

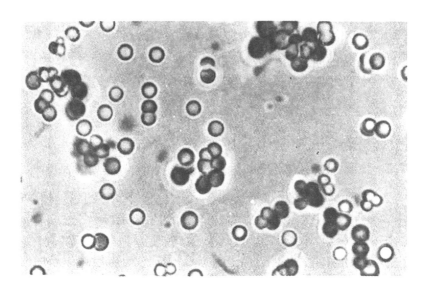

그림 54 | 마이크로스피어

무수히 많은 작은 입자가 만들어진다. 이것을 마이크로스피어라고 이름 짓고 그 성질을 여러 가지로 조사했다. 마이크로스피어는 대개 2마이크로 미터(10,000분의 2cm) 정도의 구체로서, 이것은 대개 구균(구상의 박테리아)의 크기에 가깝다. 마이크로스피어는 외계의 조건에 따라서 내부에 유기물을 받아들인다든지 방출할 수가 있다. 이처럼 세포와 비슷한 성질을 몇 가지 갖고 있기 때문에, 이것이 다시 발전하여 원시적인 세포로 되는 것이 아닌가 생각하고 있는 것이다.

앞에서 원시 단백질 모형이 촉매 활성을 갖고 있음을 말했지만, 마이크로스피어를 써서 또 하나의 생명의 특성인 세포막과 같은 것을 만들 수 있다는 것도 알았다. 단백질은 세포 내에서는 핵산과 복합체를 만들어 리보솜(세포 속에서 단백질을 합성하는 공장)의 형태를 만드는 것도 중요한 작용의 하나다. 그래서 원시 단백질 모형으로 이것이 가능한지 어떤지를 조사하기 위하여 아미노산에 열을 가하여 만든 원시 단백질 모형에 원시 핵산의 모형으로서 역시 인공적으로 만든 폴리뉴클레오티드를 섞어서 복합체가 만들어지는지 조사했다.

물론 리보솜이 갖고 있는 기능은 나오지 않았지만 단백질 모형과 핵산 모형 사이에서 복합체가 만들어졌다. 복합체를 만드는 방법은 불규칙적인 것이 아니며, 특정 아미노산을 많이 포함하고 있는 원시 단백질 모형은 특정한 염기로서 만들어져 있는 폴리뉴클레오티드와 결합하고, 그이외의 것과는 결합하지 않는다는 특이점도 발견했다.

세포의 근원은 '연못'이었나?

이처럼 원시 단백질 모형에는 실물 단백질이 세포 내에서 작용하고 있을 때와 같거나 혹은 그것의 기본이 될 수 있는 능력이 있다는 것을 알았다. 다만 그 작용이 대단히 약하거나 부정확하기는 하지만 원시 세포를 조립하는 출발 재료로서는 충분히 주목할 가치가 있다. 어쨌든 효소와 같이 촉매 작용이 있었다. 다음에 세포막과 유사한 구조체가 만들어졌다. 그리고 핵산과 상호작용하여 특이적인 복합체를 만드는 능력도 있었다.

앞서 기술한 바와 같이 원시 단백질의 아미노산 배열은 제멋대로가 아니고, 일정한 경향이 있다. 자연적으로 형성되기 쉬운 아미노산 배열 중에는 촉매 활성을 나타내는 데 필요한 아미노산의 배열법이 들어 있는 것은 아닌지. 또한 자연적으로 형성되기 쉬운 배열법 가운데는 자연적으로 모여서 막 구조를 취하기 쉬운 것이 들어 있을 것이다. 이렇게 하여 마이크로스페어가 만들어지는 것이다. 또한 만들어지기 쉬운 배열 중에는 특정 핵산과 결합하는 데 적합한 것이 있을 것이다.

트랜지스터나 저항을 섞어서 흔들면 자연으로 배열되기 쉬운 경향이 있다. 그러므로 그것이 전원 회로라든지 증폭 회로라든지 특정의 텔레비전이나 스테레오 등에 필요한 회로에 가까운 작동을 할 수 있다는 말이다. 그 뒤로는 회로를 조금씩 수정하여 한층 더 올바르게 작동할 수 있도록 하는 것과 회로를 서로 올바르게 조립하여 최종적으로 세트를 조립해 내는 일이다.

버널은 몇십 년 전에, 이와 같은 생명 재료의 조립이 행해진 곳은 점토 위였을 것이라는 설을 내놓았다. 바닷물, 기타 자연계에서는 일반적으로 나트륨이 칼륨보다 몇 배 더 많이 존재한다. 그러나 세포 내에는 칼륨이 더 많이 축적되어 있다. 점토는 그 표면에 칼륨을 많이 모이게 하는 성질이 있어서 그 점에서 세포 내의 환경과도 비슷하다는 것이다.

오파린이나 폭스는 세포막과 비슷한 작은 주머니가 우선 만들어지고 그 속에 효소나 유기물이 고여서 대사계가 생겨난다는 길을 생각하고 있다. 이에 대하여 더 큰 '주머니' 쪽이 유리하기 때문에 세포의 기원으로서 더 큰 것을 생각하는 사람들도 있다. 원시 지구상의 연못이나 호수가 그대로 세포를 대신해서 점차 축소되어 마침내 세포의 탄생으로 진전해 갔다는 생각도 있다.

회로의 조립을 마이크로스피어와 같은 작은 공 속에서가 아니고 연못 속에서 하려고 하는 것이다. 그 연못에는 점차 대사계가 성립하여, 아마도 이산화탄소의 기포를 콸콸 내뿜고 있었을 것이다. 이 연못에 흘러들어오는 강물이 당이나 아미노산 등의 영양물을 운반하고, 흘러나가는 강물은 노폐물, 예를 들면 알코올을 운반하여 제거한다. 이렇게 해서 대사 능력을 가진 연못이 생겨나고, 얼마 안 가서 점차 증발하여 작은 연못이 된다. 그리고 세포막을 만드는 것을 기억하여 최초의 세포 탄생으로 진전되어 갔다는 줄거리를 생각하고 있다.

생물의 자기 복제계

여기까지는 생명의 특성 중의 하나인 자기 복제 능력의 성립에 대해서는 전혀 언급하지 않았다. 앞에서 기술한 바와 같이 현재의 생물에서는 자기 복제=유전의 중심을 장악하고 있는 유전자의 본체는 분자다. 특히 당 부분이 데옥시리보스로 만들어진 핵산, 보통 DNA라고 축약하여 부르고 있는 핵산이 유전자의 본체다.

핵산의 구조는 왓슨과 크릭 두 사람에 의해 데옥시리보스와 인산이 하나 건너씩 연결된 두 줄의 사슬이 나선형으로 꼬여진 모양을 하고 있다는 사실이 명백해졌다. 그리고 두 줄의 사슬 사이에서는 각각 당 부분에 결합되어 있는 4종의 염기가 서로 마주보고 수소 결합으로 결합되어 있는 사실도 알게 되었다(그림 55).

이들 염기의 결합은 아데닌이라고 하는 염기(A)에 대해서는 티민(T) (또는 같은 종류인 우라실(U)), 구아닌(G)에 대해서는 시토신(C) 등 2쌍의 조합으로 한정되어 있다. 이러한 염기의 조합을 포함하는 이중나선 구조야말로 자기 복제의 비밀을 갖고 있다.

두 줄의 사슬은 서로 열쇠와 자물쇠의 관계에 있다. 추리소설 속에는 잠깐의 틈을 타서 열쇠를 훔쳐, 재빨리 양초로 열쇠형을 떠 놓고 열쇠를 제자리에 되돌린다는 줄거리의 이야기가 나오는 경우가 있다. 범인은 나중에 천천히 열쇠형에서 열쇠를 복제하여 그것을 사용하여 범죄를 저지른다는 이야기다. 핵산의 이중나선 구조는 이것과 비슷하다.

〈그림 56〉과 같이 두 줄의 사슬 중 하나에 A-G-A-C-T-G-A-A로 계속되는 것이 있다고 하자. 이 사슬을 한 줄씩 분리해 각각을 바탕으로 하여 상대가 되는 핵산을 합성해 주면 그림과 같이 원래의 것과 똑같은 모양의 핵산이 두 개 얻어지게 된다. 양친인 A-G-A-C-T-G-A-A……와 쌍이 되는 T-C-T-G-A-C-T-T가 마침내 자물쇠가 되어 양친과 똑같은 염기배열을 한 자식의 사슬 A-G-A-C-T-C-G-A-A……가 합성된다. DNA 분자가 증가할 때는 이와 같은 방법으로 새로운 DNA분자가 만들어지기 때문에 최초의 DNA와 똑같은 것이 대대로 만들어져서 지속되어 간다. 이것이 생물의 자기 복제 능력의 기본으로 되어 있다.

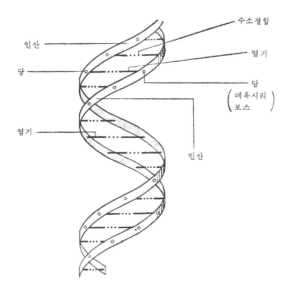

수소결합

염기

당
（데옥시리
보스）

인산

인산

당

염기

그림 55 | DNA의 구조

이 DNA 분자 속에는 어떠한 단백질을 합성할 것인가라는 '설계도'가
포함되어 있다. 앞에서 기술한 바와 같이 생물의 '주머니'를 만드는 막이
나 생물의 특성인 질서 있는 반응계를 지배하고 있는 효소도 단백질이고,
생물은 DNA 설계도를 바탕으로 해서 구체적으로 말하면 단백질의 작용
으로 생명을 표현하고 있는 것이다.

생물 세포에서는 그 설계도의 사본을 단백질 합성공장인 리보솜에 운
반하고 거기에서 설계도대로 아미노산을 배열하여 단백질을 합성하고
있다. 배선도를 대조하면서 부품을 배열하여 회로를 만들어가는 것과 같
은 일을 하고 있는 것이다.

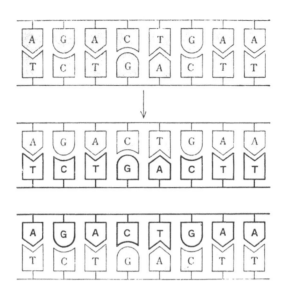

그림 56 | DNA의 자기 복제

이 단백질 합성의 설계도는 염기 배열을 통해 표현되어 있다. 말하자면 핵산은 양친이 자식에게 이러한 단백질을 만들라고 써 보낸 통신문과 같은 것이다. 영어가 알파벳 ABC 26문자로 언어=통신계를 형성하고 있는 데 대하여 생물어는 ATGC의 4문자로 통신을 하고 있는 것이다.

지금은 생물어도 해독되어 있어, 예컨대 GAC는 알라닌이라는 아미노산을 지정한다는 것을 알고 있다. 현재의 생물에서는 염기 3개, 즉 3문자로 하나의 아미노산을 지정한다. 말하자면 모든 생물어의 단어는 4문자 중 3문자의 조립으로 되어있다. 생물어는 미생물로부터 고등 생물에 이르기까지 공통적이라는 것을 알게 된 것이다. 한국 사람이든 유럽 사람이든 세포 속 분자의 언어는 같다는 것이다. 뿐만 아니라 대장균이든 식물이든 지구 생물은 모두 같은 언어를 사용하고 있는 것이다. 이것은 지구의 모든 생물 종은 생물 진화의 결과 현재와 같이 다종다양한 지구상의 모든 모양이 되었지만 원래는 하나의 공통된 조상에서 갈려져 나온 것이라는 강력한 증거가 된다.

지구상에 나타난 최초의 생물이 이미 같은 4문자의 '생물어'를 갖고 있었는지는 알지 못하고 있다. 현재의 생물어는 생물 진화를 통해 비교적 초기에 완성된 것인지도 모른다. 그러나 최초의 생물도 불완전은 하지만 생물어를 갖고 있었을 것이다. 아마 생명의 탄생 이전에 화학 진화 결과 분자를 사용한 언어가 만들어져 통신을 하는 계가 생겼을 것이다. 원시 생물은 그것을 받아들여 이용한 것임에 틀림없다.

원시 지구의 통신계는 2문자?

원시적인 분자 통신계가 어떤 것이었는지는 물론 상상의 범위를 벗어날 수 없다. 가장 단순한 통신계는 1문자로는 통신을 할 수 없기 때문에 2문자다. 실제로 우리는 2문자의 통신계를 사용하고 있다. 그것은 모스 신호로서 2문자만으로도 완전히 통신이 된다.

그것과 마찬가지로 원시 지구상의 통신계는 2문자였을 것이라고 생각하는 사람이 많다. 아데닌은 유리-밀러 실험으로 만들어지기 쉬우므로, 아마 2문자 중 1문자는 A였을 것이다. 또 한쪽은 A와 짝을 만들 수 있는 T였을지도 모른다. 혹은 A로부터 쉽게 만들어질 수 있는 하이포크산틴이었을지도 모른다.

원시 지구상에서 핵산과 비슷한 화합물이 만들어질 가능성은 제6장 마지막에 기술했다. 구체적인 예를 들어보면, 아데닌산을 탈수제 카르보디이미드의 존재 아래에서 중합할 수가 있다. 이때 폴리우리딜산(우리딜산 우라실의 뉴클레오티드, 즉 당에 우라실과 인산이 결합한 것)을 혼합하면 반응이 빨라진다. 반대로 폴리아데닐산의 존재 아래에서는 폴리우리딜산의 합성이 빨라진다.

우라실은 티민과 치환되어 아데닌과 염기 결합을 만들 수 있기 때문에 이 실험에서도 U(우라실의 약자)-U-U-U-U……가 A-A-A-A……의 합성을 돕고 이번에는 A-A-A-A……가 U-U-U-U……의 합성을 돕고 있다. 일보 비약해서 생각하면 A-A-U-A-U-U-A……라는 배열의 폴리뉴클레오티드가 있으면 그의 쌍으로 U-U-A-U-A-A-U……가 합성된다. 다음에는 새로 합성된 U-U-A-U-A-A-U……는 A-A-U-A-U-U-A……, 즉 가장 기본이 되는 염기 배열을 자기의 쌍으로 하여 만들어 내므로 화학 진화 시대에 원시 핵산이 만들어진 것은 자기 복제계의 성립을 의미하고 있다. 이윽고 그 염기배열이 의미 있는 것으로 변하면 이것은 원시 세포의 통신계를 준비한 것이 된다.

원시 핵산에서의 문제 중 하나는 원시 단백질과 같이 간단하게는 만들어지지 않을 것이라는 생각이다. 원시 단백질 모형으로서는 아미노산

그림 57 | 지구상의 모든 생물은 모두 4문자의 생물어를 사용한다

을 가열하는 반응을 사용한다는 사실을 기술해 왔고, 이때 단지 아미노산을 섞어서 가열하는 것만으로도 다량의 단백질과 비슷한 화합물, 더욱이 그것의 대부분은 수십 개에서부터 수백 개의 아미노산이 중합된 큰 분자를 얻는다. 이에 반해 실험실에서 만드는 원시 지구 모형의 실험에서는 그렇게 큰 핵산과 비슷한 화합물은 만들어지지 않는다.

돌연변이와 핵산 분자의 진화

DNA의 염기쌍에 의하여 결합되는 두 줄 사슬의 나선 구조에 따르면, 다만 자기 복제만이 아니고 진화의 요인이 되는 돌연변이도 잘 설명된다. 예컨대 본래의 아데닌과 티민의 조립, 즉 A-T 결합 대신 때로는 A-C쌍이 만들어진다. 다음 복제 때는 이상한 염기쌍인 A-C를 대신해 정상적 치환을 하려고 하기 때문에 원래 A-T였던 곳은 G-C로 변한다. 문장을 옮겨 쓰는 사이에 그중의 1문자가 틀린 것이다. 당연히 문장은 의미가 없어지든지 전연 다른 의미로 변하고 만다.

영어로 예로 들면, 핵산의 문자는 모두 3문자로 되어 있기 때문에 She was sad(그녀는 슬퍼하고 있었다)와 같이 모두 3문자가 한 단어인 문장이다. 이 중의 1문자, 예컨대 일곱 번째의 s를 m으로 바꾸어버리면 She was mad(그녀는 격분하고 있었다)로 변해버리고 만다.

생물어에서는 핵산의 1문자가 틀리면 그것을 '설계도'로 하여 만들어지는 단백질의 아미노산의 배열이 바뀌고 만다. 그리고 그것은 돌연변이로서 관찰된다. 핵산 중에 틀린 염기쌍을 많이 만들려면 X선이나 자외선을 조사하든지 아질산소다, 아크리딘, 히드록실아민 등의 시약을 가해주면 된다.

대부분의 경우 잘못된 핵산으로부터 만들어진 단백질은 그 기능이 떨어진다. 그러나 때로는 보다 우수한 것이 되거나, 본래 일반적으로는 열세에 있었던 것이 외계의 환경이 변화했기 때문에 보다 유리한 성질을 갖게 된다든지 했을 때는 그 생물과 자손은 자기와 같은 종류보다 더 잘 살아남을 수 있게 된다. 이것이 도태(淘汰)이고, 이렇게 해서 진화가 일어난다.

하나의 예를 들어 보자. 1957년 저명한 물리화학자 폴링(화학상과 평화상의 두 노벨상을 받았다)은 낫 모양 적혈구 빈혈증이라는 아프리카 원주민 사이에 전해 내려오는 유전병 환자의 혈액 중 헤모글로빈(단백질)을 조사했다. 약 100개의 아미노산으로 만들어진 단백질 중 단지 하나의 아미노산만 정상인의 것과 다르다는 것을 발견했다. 이 병은 적혈구가 낫 모양으로 되어 있기 때문에 이런 병명이 붙었는데, 그 환자의 헤모글로빈은 산소를 잃어버렸을 때는 용해도가 대단히 낮아져서, 적혈구 중에 결정을 석출한다. 빈혈증 환자가 도태되지 않고 많이 남아 있는 것은 이 이상한 적혈구를 가진 사람은 말라리아에서는 저항력이 강하기 때문이다.

헤모글로빈은 두 종류의 폴리펩티드 사슬로 만들어져 있으며 그중의 하나인, 사슬이라고 부르는 폴리펩티드의 아미노기 말단으로부터 여섯 번째 아미노산이 정상인의 경우는 글루탐산인 데 반하여 빈혈 환자의 것

	사람	원숭이	소·돼지	말	개	고래	다랑어	참깨	이스트
사 람	0	1	10	12	11	10	20	35	41
원 숭 이	1	0	9	11	10	9	20	36	41
소 · 돼지	10	9	0	3	3	2	16	38	41
말	12	11	3	0	6	5	18	39	42
개	11	10	3	6	0	3	17	37	41
고 래	10	9	2	5	3	0	16	38	41
다 랑 어	20	20	16	18	17	16	0	42	43
참 깨	35	36	38	39	37	38	42	0	44
이 스 트	41	41	41	42	41	41	43	44	0

그림 58 | 시토크롬C의 종에 따르는 아미노산 배열의 차이
사람과 원숭이에서는 1개만 다른데, 사람과 개 사이에는 11개나 다르다. 그러나 개와 소, 돼지 사이에는 3개, 말하고는 6개밖에 차이가 없어 사람보다는 소, 돼지, 말과 가까운 것을 알 수 있다. 참깨와 같은 식물은 어느 동물하고도 같지 않다. 물론 참깨와 밀은 매우 비슷하다

은 발린이다. 그 외의 아미노산 배열에는 전혀 차이가 없다. 이 병은 유전자의 단지 한 장소의 변화 때문에 일어나는 것으로서 폴링은 이것을 '분자병'이라고 했다.

유전자(DNA 분자)상에서는 정상인의 헤모글로빈을 지정하는 긴 문장 중 한 문자 A가 U로 치환되어 있을 뿐이라는 데까지 알고 있다. 이 예는 단지 1문자의 변화가 단백질 분자의 성질을 놀랄 만큼 변화시켜, 그것이 어떤 환경 아래에서는 도태에서 유리하다는 것을 나타내 주고 있다.

단백질 분자의 진화

생물 진화의 분자 기구는 이와 같이 핵산의 이상한 구조에 의한 돌연변이, 그리고 그것에 이어지는 이상한 단백질의 합성을 기본으로 하고 있다. 아마도 이 기본은 원시 생물도 갖고 있어서 지구 생물로서는 그것의 기원과 같은 정도로 중요한 의미를 갖는 원시 생물의 초기 진화에 있어서 크게 활약했을 것이다. 혹은 원시 생물의 탄생 이전에 원시 핵산과 원시 단백질의 진화에서 이것과 마찬가지 기구가 쓸모 있는 것이었는지도 모른다. 그런 의미에서 분자로부터 진화를 파악하려는 이야기를 조금 더 해 보기로 한다.

앞에서 예로 든 시토크롬C라는 단백질을 조사해 보면 사람과 원숭이는 단지 1개소, 즉 아미노기가 붙어 있는 말단에서부터 58번째 아미노산만 다르다. 사람에서는 이소로이신인 데 반해 원숭이에서는 트레오닌이다. 그러나 사람과 말에서는 분자 전체 104개소의 아미노산 가운데서 12개소, 다랑어와는 20개소나 차이가 있다.

이 아미노산 배열의 차이로부터 공통의 조상을 추정하는 것을 시도하여, 한 개의 아미노산 배열의 차이가 생기는 데 필요한 연수를 계산하여 거기서부터 거꾸로 시토크롬C의 진화의 계통수(系統樹)를 그려보면 〈그림 59〉와 같다. 이 그림은 31페이지의 지질학에 입각하여 그려진 것과 잘 일치하고 있다. 이 연구를 더욱 진행해 가면 가장 오래된 시토크롬C의 구조가 추정된다. 또 다른 단백질에 대해서도 같은 계산을 하면 원시

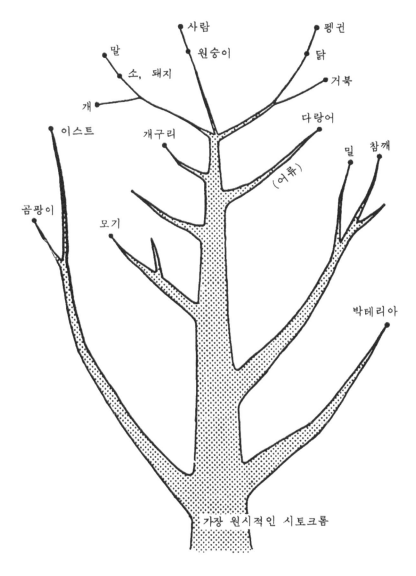

그림 59 | 시토크롬C의 아미노산 배열로부터 얻은 계통수

생물의 효소단백질의 구조가 차례차례로 추정될 것이다.

시토크롬C에서는 평균하여 1억 년에 3개 정도의 비율로 아미노산의 배열이 달라지고 있다. 시토크롬C는 약 100개의 아미노산으로 이루어져 있으므로 그중의 임의의 것 하나가 다른 것으로 치환되는 데는 약 33억 년이 걸린다. 반대로 표현하면 10억 년당 어떤 아미노산이 치환될 확률은 0.3이다. 이 숫자, 즉 10억 년당의 치환율을 폴링의 이름을 따서 '1폴링단위'라고 부르고 있다.

비다윈 진화?

단백질에 따라서 아미노산 배열의 치환되기 쉬운 정도에는 차이가 있다. 시토크롬C는 비교적 치환되기 어려운, 즉 아미노산 배열이 안정한 단백질이다. 췌장의 핵산 분해 효소, 리보뉴클레아제 등에서는 3.3폴링단위이다. 이 차이가 어떤 이유 때문인지는 알 수 없다.

여하튼 간에 단백질마다 아미노산의 치환이 확률적으로 어떤 일정 시간마다 일어나는 것처럼 보였기 때문에 시토크롬C 등 아미노산 배열의 종에 의한 변화는 다윈이 말하는 도태를 받지 않았다는 생각이 싹터 '비다윈 진화' 또는 '중립 진화'라고 부르고 있다. 그러나 이 생각에 대해서는 반대 의견도 많다. 도태의 압력이 되는 것은 생각지도 않던 종류의 요인이거나 약간의 차이이기 때문에, 얼핏 보면 아무런 도태도 작용하고 있지 않는 것처럼 보이지만, 단정할 수는 없기 때문이다.

예컨대 사람과 원숭이에서는 단지 1개소의 아미노산 배열이 다를 뿐 시토크롬C로서의 작용에는 아무런 차이도 없는 것 같다. 그러나 원숭이에서는 트레오닌이 하나 더 많고, 사람에서는 대신에 이소로이신인 것은 아무런 의미도 없는 것일까. 원숭이는 대충 보아 초식을 하며 식물성 단백질로부터 아미노산을 만든다. 한편, 사람은 잡식성이어서 육식도 하고, 불을 사용해서 요리도 한다. 이 아미노산 공급의 차이가 영향을 미치는지도 모른다. 이것은 폭론이 긴 하지만, 도태가 작용했는지, 어떤지는 이와 같은 넓은 시야에서 검토되지 않으면 가볍게 다윈 진화가 아니라고 결정지을 수는 없다.

아미노산의 치환이 일어나는 방식에 관해서는 아직 설명할 수 없는 것이 많다. 고등동물에서는 시토크롬C의 7, 21, 55, 69, 90번째의 아미노산은 치환되어 있지 않은 장소인데 반해, 속씨식물(被子植物)에서는 거침없이 다른 아미노산으로 치환되고 있다. 아미노산에 관해서도 치환되기 쉬운 것과 변화되지 않는 것이 있다. 제일 치환되기 쉬운 것은 세린이고, 반대로 비교적 다른 아미노산으로 치환되지 않는 것은 트립토판이다.

이와 같은 사실을 포함해서 단백질 분자에 새겨져 있는 생물 진화의 기록을 충분히 읽어낼 수 있게 연구가 진척되면, 생명의 기원에 관한 이해를 깊게 하는 데 도움이 될 것이다.

코아세르베이트나 마이크로스피어는 그렇게 안정한 구조체는 아니다. 예컨대 코아세르베이트는 외부에서 산이나 염을 가하면 파괴되어 버린다. 마이크로스피어도, 온도를 높이면 소멸된다. 그래서 적당한 염의 농도나 온도 변화가 있는 곳에서는 이 구조체는 일부는 소멸하거나 새로이 생기든지 해서 분해와 재생을 되풀이한다. 이것도 일종의 복제 기구이고, 이때 특히 안정성이 좋은 것은 분해되지 않고 남는 것이다. 즉, 도태가 행해진다.

원시 생명의 탄생 ─ 가설의 세계

45억 년 정도 옛날 지구가 탄생한 때로부터 출발하여 현재까지 우리가 생명의 기원에 접근할 수 있는 것은 유감스럽지만 여기까지다. 원시 유기물의 탄생부터 그 성장, 그리고 작용까지 도중에 분명하지 못한 점도 있었으나, 어떻든 그 과정을 재현할 수 있다고 말해도 좋을 것이다. 질서의 시작이라고 말할 수 있는 것도 이러한 과정 속에서 발견되었다. 다음은 성장한 분자들 서로가 고도로 조직화되고, 고도의 질서를 창조하는 일이다. 이 단계가 되면 지금으로서는 문자 그대로 가설의 범위를 벗어날 수가 없다.

최후의 과정에 관한 가설 중 가장 극단적인 것은 다음과 같다. 원시 지구상에서 우연히도 1조의 핵산과 단백질의 복합체가 만들어졌다. 마침 그 핵산은 단백질 합성의 배선도(설계도)로서 작용하며, 단백질은 핵산의 설계도를 읽고 자기와 같은 단백질과 핵산의 복제를 행한다. 여기서 핵산은 단백질의, 단백질은 핵산의 합성을 서로가 돕고 있는 것이다. 이 조립된 복합체는 적당한 환경에서 증식할 것이다. 이것이 곧 생명의 기원이 되었다는 것이다.

이 생각의 중심은 우연이어서 본질적으로 실험 연구와는 관계가 없는 것, 즉 실험을 통해 긍정도 부정도 할 수 없는 가설이다.

원시 핵산이 출현하면 그것은 결국 원시적인 복제계의 성립을 의미하고 있다고 앞에서 기술했다. 복제가 시작되면 몇 회나 몇십 회, 또는 몇백 회만에 1회 정도의 비율로 착오도 일어난다. 우연히 잘못된 핵산 쪽이 보다 쉽게 복제될 수 있는 것이면 드디어 양친의 분자를 물리치고 잘못된 분자가 우세하게 된다. 이것은 돌연변이, 그리고 도태로 이어지는 생물 진화의 기구와 똑같다. 이 도태를 되풀이하는 가운데 핵산 합성 효소, 다시 말해서 핵산을 만드는 단백질을 조립하는 배선도를 가진 핵산이 만들어져서 이것이 원시 생명의 모체가 되었다는 생각도 있다. 생명은 '알몸의 유전자'로부터 시작되었다는 것이다. 이것이면 우연의 요소는 중요하지 않다. 이 생각의 문제는 어떻게 해서 핵산의 배선도에서 핵산 합성 효소가 만들어지게 되었는가, 또 어떻게 하여 세포 구조를 갖게 되었는지가 충분히 설명되어 있지 않다는 것이다.

배선도와 배선공의 만남이 초점……

앞에서 기술한 바와 같이 코아세르베이트나 마이크로스피어는 내부에다 외계의 물질을 농축하여 거기서 화학 반응을 하는데, 이 경우 내부에 폴리펩티드나 폴리뉴클레오티드를 합성하는 능력을 가진 것일수록 보다 안정할지도 모른다. 그렇게 되면 코아세르베이트의 '도태'가 일어날 때, 보다 촉매 활성이 높은 단백질이 존재하는 결과가 된다. 오파린은 이렇게 하여 단순한 코아세르베이트로부터 한 단계 높은 조직을 가진 화학 반응계의 출현을 생각했고 그것을 '프로토비온'이라고 명명했다. 프로토비온은 머릿속에서 그려낸 생성물이지만 원시적인 대사 능력이 있고, 외계와 물질의 교환을 행하고 그 결과로써 성장하는 것이다. 프로토비온의 진화 결과 최초의 생명에 도달한다는 것이 오파린의 생각이다.

원시 단백질 속에서의 아미노산의 배열은 전혀 무질서한 것은 아니고 어느 정도의 규칙성이 있다는 것을 알고 있다. 그렇게 되면 어느 정도 부정확하기는 하지만 핵산에 의한 설계도 없이 단백질만의 복제계, 말하자면 확실치 않은 기억의 복제계가 존재하는 것도 가능하다. 그러나 그와 같은 복제계에서는 도태가 일어난다고 하더라도 한계가 있다. 확실치 않은 기억으로 전자제품의 조립을 하고 있기 때문에 때로는 좋은 회로를 만들어낸다고 하더라도 다음에는 또 잊어버리고 마는 것과 같다.

역시 배선도를 그려서 배선도대로 만들거나 배선도를 수정하지 않는 한, 언제까지라도 훌륭한 세트는 만들어질 수 없다. 그와 같아서 때때로 뛰어난 활성을 나타내는 원시 단백질이 만들어진다고 하더라도 그때 뿐이고 또 다음 언제 같은 것이 만들어질 수 있을지는 확률적인 문제여서 제아무리 그 단백질을 보호하고 축적했다 치더라도 생명의 탄생과는 매우 거리가 멀다. 도태에 의하여 대사를 하는 마이크로스피어나 코아세르베이트가 만들어진다고 할지라도 일대로 끝나버리고 만다면 생명의 탄생을 향해 제자리걸음을 하고 있는 것과 같은 상태에 불과하다.

결국 단백질의 배선도가 그려지지 않으면 안 된다. 최초의 배선도는 반드시 핵산이어야 한다는 것은 아니고 단백질이어도 된다. 단백질의 배선도로부터 단백질을 조립하는 기구도 현재 존재하고 있다. 세균의 세포벽이나 어떤 종류의 항생물질이 만들어질 때는 핵산으로부터의 배선도 없이 펩티드 결합이 만들어진다. 그러나 일반적으로는 원시 지구에서도 최초부터 배선도는 핵산 위에 그려져 있었다고 생각된다. 그것은, 예컨대 배선도의 복사가 쉽다든지, 배선도의 수정=돌연변이가 간단히 이루어진다든지 하여 원래 핵산은 배선도로서 가장 적합한 물질이기 때문이다.

생명 탄생에서 최후의 벽은 핵산이라는 배선도와 단백질이라는 배선공의 만남이 어떤 것인지에 달려 있다. 원시 핵산이 어떻게 해서 자기가 갖고 있는 배선도를 읽어서 그것으로부터 단백질을 만드는 배선공을 발견해 냈는가. 마이크로스피어가 어떻게 해서 핵산을 받아들여 그것을 이용하게 되었는가. 이것들이 해결될 때 비로소 생명의 탄생은 눈앞에 다가오게 될 것이다.

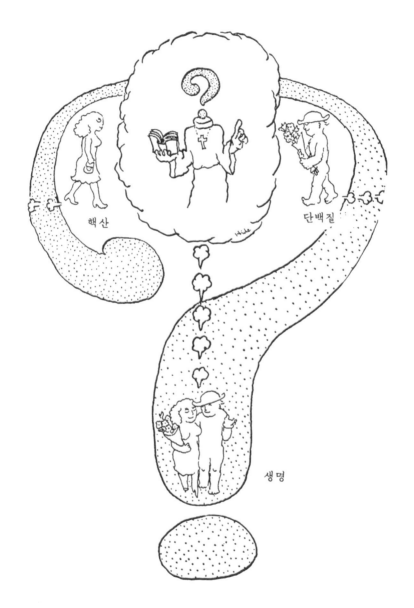

그림 60 | 핵산(배선도)과 단백질(배선공)이 만나는 모양은, 생명 탄생에서 최대의 수수께끼

생명 탄생에 영혼은 필요하지 않다

현재의 생물에서는, 예컨대 핵산상의 3문자 GAC는 알라닌을 지정하는데, 이와 같은 핵산의 구조와 아미노산의 관계는 입체 구조나 화학적 성질에서 오는 필연적인 귀결이다. 이렇게 생각해 보면 그 비밀을 밝히는 것이야말로 핵산과 단백질의 매듭을 해결하는 가장 가까운 지름길이라고 주장하는 사람도 있다. 또 앞에서 기술한 바와 같이 원시 핵산은 2문자의 언어였는지도 모른다. 2문자의 핵산을 생각하여 이것과 아미노산의 화학적인 성질을 관계 지을 수는 없을까 하는 노력도 기울이고 있다.

다른 생각으로는 어떤 기구인지 찾아낼 것 같지도 않지만 현재 생물의 핵산과 단백질과의 관계와는 반대로 원시 단백질의 배열을 읽고 나서 핵산의 배선도 위에 복사하는 반응이 일어난 것이 아닌가라는 생각도 있다. 마치 배선도가 붙어 있지 않은 고장 난 라디오를 수리하려고 할 때는 실제의 부품이나 배선을 따라서 배선도를 그려보는 것과 같다. 복사하는 반응을 역방향으로 진행시키면 배선도를 읽을 수 있고 배선=단백질을 합성할 수 있다. 지금의 생물에는 전혀 이런 종류의 반응은 없는 것 같으므로, 가령 원시 생물의 탄생 이전에 이러한 반응이 일어났다고 할지라도 그것은 그 후 흔적도 없이 지워져 버린 것 같다.

생명 탄생의 최후 단계에서 생각되는 메커니즘은 이상과 같은 것이다. 20세기 후반에 들어서서 생물학 특히 분자생물학의 발전은 눈부신 것이라고 대단히 찬양받고 있는 바는 잘 알고 있는 사실이다. 그러나 우리의 생물에 관한 이해는 생명의 기원과 같은 문제에 직면하게 되면 이와 같이 무력한 것이다. 물론 생명의 기원 연구자들은 최후의 과정을 확신을 갖고 설명할 수 있는 날이 조금이라도 빨리 올 수 있도록 노력을 집중하고 있다. 마침내는 최후의 과정을 실험실에서 재현할 수도 있게 될 것이다. 이 말은 원시 지구상에서 일어난 과정을 따라서 생명의 인공 합성을 행한다는 것이다.

최후의 과정에 대해서는 이처럼 잘 알고 있지 못하지만 그 원칙만은 기술할 수 있다. 그것은 메탄-암모니아-수소, 그리고 물부터 시작하여 원시 단백질이나 원시 핵산이 생겨날 때까지의 어느 과정도 그러했듯이 생명의 탄생에는 신비나 영혼은 필요하지 않고, 또한 도저히 일어날 것 같지 않은 낮은 확률일 것이라는 것, 요컨대 우연 중의 우연이 일어났던 것은 아니다. 우연은 생명에 도달하는 시간을 절약해 주었는지는 알 수 없어도 화학 진화의 도달하는 방향은 필연적인 것이었을 것이다.

여기까지 몇 장에 걸쳐 기술해 온 바를 한 마디로 정리해 보면 다음과 같다. 생명이란 분자의 조합으로 만들어져 있는 정교하게 증식하는 화학 공장이다. 원시 생명의 역사는 분자와 분자가 스스로의 힘으로 시행착오를 되풀이하면서 결합하고 조립하여 제1호 공장을 건설하는 역사이다.

제9장

우주에서의 생명

지구 외 생물의 가능성

지금까지 기술해 온 화학 진화의 과정은 지구와 비슷한 환경만 있으면 우주 어느 곳에서나 일어날 수 있을 것이다. 그리고 시간만 허용된다면 그 결과는 생명의 탄생으로 이어져 나갈 것이다. 또한 지구와는 상당한 차이가 있는 환경의 별에서도 다른 종류의 화학 반응이 일어나서 지구의 생물과는 화학적으로 상당히 차이가 있는 '생물'이 탄생되었을 가능성도 있을 법하다.

다만 지구의 생물이 유기물, 즉 탄소화합물을 중심으로 조립되어 있다는 것은 탄소 그 자체의 성질이 생명과 같은 정교한 화학계를 만드는 데 적합하기 때문이다. 원소의 성질은 우주 어느 곳에 가든지 같기 때문에 다채로운 화학 반응을 전개하는 데는 탄소와 같이 원자가가 4인 원소(다른 원소와 결합할 수 있는 손이 4개 있는 원소)가 중심이 될 것이다. 지구상에 많이 존재하는 규소도 원자가가 4로, 많은 성질이 탄소와 비슷하다. 그래서 우주 어느 곳에서인가는 탄소 대신 규소 중심의 생물이 있을지도 모른다고 생각하는 사람도 있다.

그러나 앞에서 기술한 바와 같이 생물은 한 개체로 존재하는 것이 아니고 탄소 목걸이 위에 편승해야만 비로소 존재할 수 있다. 지구상에서 탄소의 사이클이 회전할 수 있는 것은 노폐물 때문, 즉 최종 산화물이 이산화탄소라고 하는 기체이기 때문이다. 동물이 뱉어내면 그것은 재빨리 산림이나 바다까지 운반되어 나무나 식물성 미생물의 광합성 작용에 의

그림 61 | '규소생물'은 호흡하면 모래를 내뿜는다

그림 62 | 이 우주 어느 곳엔가에 생물이 있다?

해 탄산고정이 이루어져 이산화탄소의 이동이 쉽다는 것이 하나의 요소로 되어 있다.

이런 점에서 이산화규소는 석영, 즉 모래로서 물에 녹지 않기 때문에 세포로부터 배설되기도 쉽지 않고 배설 후에도 확산되기 어렵기 때문에 사이클의 회전 능률이 나쁘다. 절대로 있을 수 없다는 것은 아니지만 규소생물은 존재하기 어렵고 따라서 지구 외 생물도 역시 탄소생물일 것이라고 생각하는 것이 타당하다.

탄소생물이라면 단백질 또는 핵산과 비슷한 고분자 화합물이 역시 주역일 것이다. 왜냐하면 아미노산의 중합체에는 다른 고분자에서는 찾아볼 수 없는 성질이 있고 그것은 촉매 작용을 하는데 있어서도 적합하기 때문이다. 마찬가지로 핵산은 본래 정보의 보존이나 복제에서 적합한 구조를 갖고 있는 분자다. 말하자면 단백질이나 핵산은 선천적으로 효소나 유전자로서 기능을 발휘할 수 있는 재능을 간직하고 있으며, 여기에 대치될 수 있는 다른 종류의 고분자는 생각하기 힘들다.

따라서 생명이 존재한다면 그 주역은 역시 단백질이나 핵산 비슷한 고분자일 것이라는 것이 가장 있을 법한 일이다. 물론 다른 천체의 생물의 단백질은 우리 지구 생물과는 다른 아미노산의 세트로 만들어져 있을 것이다. 첫째로 D형 아미노산일지도 모른다. 핵산염기도 다른 것이 사용되고 있을 것이고 당연히 다른 '언어'를 사용하고 있을 것이다.

이와 같이 생각해 가면 지구와 비슷한 별이 몇 개나 있는가가 우주에서 생명의 분포를 나타내는 것이 된다. 전 우주에는 10^{20}개의 항성이 있고 그중의 10^{18}개가 행성을 갖고 있다고 한다. 행성을 갖고 있는 별 중에서 0.01% 정도가 지구와 비슷한 크기의 행성을 갖고 있다고 하고 다시 그 0.1% 정도가 태양으로부터 지구와 같은 정도의 거리인 곳에 행성을 갖고 있다고 하면 전 우주에는 1,000억 개의 별에 생명이 존재할 가능성이 있다. 우리 지구 생물은 이 우주에서 결코 고독한 것 같지는 않다.

우주로부터의 서신

화석을 지구의 과거를 기록한 고문서라고 표현했는데 운석은 우주로부터의 서신이다. 다만 유감스러운 것은 이 서신을 낸 사람을 잘 모르고 있다는 것이다. 현재 일단 '발신'된 것은 태양계의 화성과 목성 사이에 있는 작은 행성군으로부터일 것이라고 생각되고 있다. 소행성군은 큰 것이라고 할지라도 지름이 770㎞(달보다 훨씬 작은) 정도이며, 지름이 1m 정도의 것까지 세어보면 전부 1014개, 즉 100조 개나 있다. 소행성군에서 지구에 보내온 서신에는 우선 태양계의 성립이나 행성의 기원에 대한 기록이 적혀져 있다. 지구화학자나 지구물리학자들의 노력의 결과 운석의 서신은 해독되었고 행성의 진화에 대해 많은 지식이 얻어졌다.

당연히 운석에 우주의 생명에 대한 소식이 적혀져 있지나 않을까 기대하게 된다. 이렇게 해서 운석의 생물에 대한 정보를 분석하는 연구가 활발히 진행되게 되었다.

운석은 지구상의 돌과 외견상으로 비슷한 석질운석(石質隕石), 철을 주체로 하는 철운석(鐵隕石), 철과 돌이 섞인 석철운석(石鐵隕石)의 세 종류로 나뉜다. 운석이라고 하면 철 덩어리를 연상하는 사람이 많지만 사실은 석질운석이 제일 많을 것이라고 생각된다. 석질운석은 얼핏 보기에는 보통 돌멩이로, 이것으로는 전시 효과가 없기 때문에 박물관 등에서는 곧잘 철운석을 진열하려고 하는 경향이 있어 운석이라고 하면 철 덩어리가 연상되고 만다.

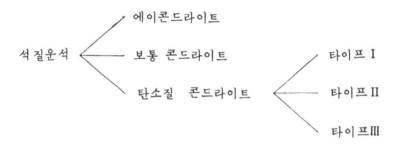

철 운 석

석 철 운 석

석 질 운 석 ← 에이콘드라이트
보통 콘드라이트
탄 소 질 콘 드 라 이 트 ← 타 이 프 Ⅰ
타 이 프 Ⅱ
타 이 프 Ⅲ

그림 63 | 운석의 분류

　또한 석질운석은 그 속에 미소한 석립(石粒)을 포함하고 있는 콘드라이트와 그렇지 않은 에이콘드라이트로 나눈다. 그리고 콘드라이트 쪽은 탄소를 많이 함유하고 있는 탄소질 콘드라이트와 탄소 함량이 적은 보통 콘드라이트로 나눈다. 탄소질 콘드라이트는 탄소 함량이 특히 많은 것부터 순차로 타이프 Ⅰ, 타이프 Ⅱ, 타이프 Ⅲ으로 나누고 있다. 운석에는 돌 고유의 이름이 붙어 있는데 관습상 운석이 낙하한 장소의 이름을 그대로 붙이기로 되어 있다.

운석 중의 유기물

운석, 특히 탄소 함량이 많은 탄소질 콘드라이트 중에 유기물이 들어 있는지 없는지를 분석하는 일은 100년 전부터 시작되었다. 유명한 화학자 베르셀리우스는 프랑스의 아라이스라는 곳에 낙하한 즉, 아라이스 운석을 분석하여 유기물—적어도 그 당시의 생각으로는 생물만이 만들 수 있는 화합물—을 함유하고 있음을 발견했다. 이어서 유기물의 인공 합성으로 유명한 필러도 헝가리의 카바 운석 등의 탄소질 콘드라이트를 분석하여 유기물의 존재를 제시했다. 그러나 이 유명한 화학자의 분석은 당시 그다지 주목을 끌지는 못한 것 같고, 그 후 60년 가까이 운석에 대한 유기 분석을 하는 사람은 없었다.

유리-밀러 실험이 행해지고, 또한 인공위성이 발사되어 생명의 기원이나 우주 생물에 대한 관심이 높아지면서부터 우주에서의 탄소화합물의 모습을 해독하려는 데서 운석의 분석이 활발히 취급되었다. 이와 같은 의식과 더불어 기술의 진보도 운석 분석이 재개되는데 원동력이 되었다. 특히 아미노산 자동분석기, 기체 크로마토그래피, 질량분석계 등의 최신의 미량 분석 기술은 운석뿐만 아니라 화학 화석이나 달의 시료 분석에도 절대 필요한 것이다.

미량 분석 기술의 발달은 눈부신 바가 있다. 즉 달의 시료에서는 달 착륙선이 사용한 역추진 로켓의 분출 가스까지도 분석했다. 단 한 번 로켓을 작동한 것만으로 그 밑의 모래를 분석하면 연료가스의 상태를 알 수 있을 정도다.

여태까지 분석한 운석 한 개 중 아미노산의 전체량은 기껏해서 지문 10개분에 포함되어 있는 아미노산과 같을 정도다. 그렇다고 하는 것은 만일 운석을 두 손으로 한 번 쥐기만 하면 운석 본래에는 아미노산이 없었더라도 마치 그 운석 중에는 아미노산이 있었던 것처럼 분석되고 만다. 지문에서 범인을 생각해 내려는 형사와 같이 우리는 운석의 유기물에서 지구 밖의 우주에서의 화학 진화를 생각해 내려는 것이다. 그래서 형사가 자기의 지문으로 오염되지 않도록 장갑을 끼고 유류품을 취급하듯이 우주 유기화학자도 세심한 주의를 기울여 월석(月石)이나 운석을 취급하는 것이다. 물론 오염된 표면은 버리고 내부를 잘라내서 분석하는 것은 말할 것도 없다.

그렇지만 지구에 도착하고 나서 공기 중의 먼지가 붙는다든지, 꽃가루가 붙는다든지, 오염된 물이 틈새로 내부에 스며든다든지 해서 지구상의 유기물이 들어갈 위험성은 대단히 크다. 이것을 '오염'이라고 부르고 연구자들은 무엇보다도 오염으로부터 어떻게 피할 것인가에 가장 많이 머리를 쓰고 있다. 이 같은 사실은 월석에 대해서도 말할 수 있다. 또한 오래된 암석을 화학 분석하는 화학 화석의 연구에서도 현세의 오염에 대하여 세심한 주의를 기울이고 있다.

머치슨 운석이 말하는 것

탄소질 콘드라이트 중에서 가장 탄소 함량이 많은 타이프 I에 속하는 운석에 오르게이유 운석이 있다. 1864년 5월 14일 아침 남부 프랑스의 오르게이유에 낙하한 운석으로서 지상에 닿기 직전에 폭발하여 몇 개의 작은 돌이 되어서 낙하했다. 타이프 I의 특징으로 검은색의 연한 운석으로서 낙하 직후에 주워 온 사람 가운데에는 칼로 자른 사람도 있다고 전해지고 있다. 오르게이유 운석은 주워 모아져 박물관에 보관되었지만 100년이나 지났으므로 그 사이에 오염되었을 위험성이 있다.

그렇지만 오르게이유 운석은 특히 탄소 함량이 많기(전체 유기물은 운석 중량의 약 6%에 달한다) 때문에 때때로 유기 분석 시료로 사용되며, 탄화수소, 여러 종류의 아미노산, 염기, 포르피린의 존재가 증명되었다. 생물체를 구성하는 데 필요한 부분품이 갖추어져 있는 감이 있다. 그러나 그중의 상당한 부분은 운석 고유의 것이라 하더라도 얼마는 지구상에서 섞여 들어간, 즉 오염이 아닌가 하는 비판이 항상 따라다닌다.

제1장에서도 조금 언급했지만 오르게이유 운석 및 기타 탄소질 콘드라이트 중에서는 세포와 비슷한 구조체, 마치 고대 암석 중 미화석과 같은 것이 발견되어 그것이 정말 세포(그렇다고 하는 것은 아마도 지구 외 생물의 세포)나 세포의 선구체(先驅體)로서의 의미가 있는 것인지, 전혀 관계가 없는 것으로서 우연히 그렇게 보이는 무기물의 입자인지, 또는 지구상의 미생물의 오염 때문인지, 이에 관한 심한 논쟁이 시작되어 운석의

그림 64 | 머치슨 운석

분석 결과로는 수습이 되지 않는 상태가 되고 말았다.

1969년 9월 28일 오스트레일리아 동남부의 머치슨 마을에 낙하한 머치슨 운석도 직전에 폭발하여 떨어졌다. 이때는 이미 화학 진화의 연구나 우주 생물학이 활발해져서 연구자의 수나 세상의 관심도 높아져 있었기 때문에 낙하 조금 전부터 운석 낙하의 보고가 입수되는 대로 전문가에게 곧 통지하게 조직이 되어 있었다. 말하자면 충분히 준비하고 있었을 때 대기하고 있던 장소에 낙하한 것이다. 상당량의 돌이 낙하 직후에 채집되었다. 낙하 직후에 채집한 사람들은 양털이 타는 것과 같은 냄새가

나고 있었다고 증언했기 때문에 이것은 상당량의 유기물을 함유하고 있는 운석일 것이라고 추정되어 곧 미국 항공우주국 연구소로 운반되었다. 당시 월석 분석에 쫓기고 있었기 때문에 지구의 유기물로 오염되지 않도록 엄중히 관리했다가 제1회 월석 분석이 끝난 후에 분석되었다.

머치슨 운석은 예상했던 대로 탄소질 콘드라이트의 타이프 II에 속한다는 것을 알았다. 전체 유기물은 운석 중량의 약 2%였다. 그리고 알라닌, 글리신 등의 아미노산도 발견되었다. 이 이외에 염기나 탄화수소 등도 분석되었다. 이 알라닌 등을 다시 더 자세히 분석한 결과로는 D형과 L형이 거의 1대1의 혼합비였다. 지구상 생물의 아미노산은 L형이기 때문에 만일 오염되었다면 L형이어야 할 것이다. 더욱이 2-메틸알라닌등의 희귀한 아미노산도 발견되었다. 2-메틸알라닌은 α-탄소에 수소 원자가 없으며 단백질을 구성하는 아미노산은 아니다. 따라서 생물계에도 그렇게 많이는 분포되어 있지 않기 때문에 이 사실로부터도 오염된 것은 아니라는 것을 알 수 있다.

이 이외에도 머치슨 운석 중의 유기물은 운석 고유의 것으로서 지구상에서 오염된 것이 아니라는 증거가 몇 가지 더 있다. 그래서 이 운석의 모체가 된 행성에서는 아마도 유리-밀러 실험과 비슷한 반응이 일어나서 아미노산이나 탄화수소가 만들어졌을 것이다. 다시 말해서 원시 지구상에서 일어났던 것과 같은 반응이 일어난 것이라고 추측된다. 실제로 2-메틸알라닌은 유리-밀러 실험에서 반응 생성물의 하나로 확인되어 있다.

지구상에서 이 분자들은 성장하여 생명의 탄생을 향해 화학 진화가 진행되어 가는데 소행성에서는 반응이 거기서 정지되고 만 것이다. 마치 45억 년 전의 지구의 상태에서 정지되고 만 것이 아닌지. 머치슨 운석은 그 상태를 지구에 운반해 온 것이다. 머치슨 운석의 분석 결과는 화학 진화의 적어도 제1보는 지구 이외의 행성에서도 일어난 것을 나타내주고 있다. 그렇다고 하는 것은 지구 이외의 별에서도 생물이 탄생할 가능성이 충분히 있다는 것이 된다.

전파가 포착한 성간 분자

1950년경부터 발달해 온 전파천문학은 마이크로파를 이용할 수 있게 되어 성간물질 중에 예상외로 복잡한 화합물이 존재한다는 것을 밝혀냈다. 성간물질이란 항성 사이에 존재하는 희박한 기체나 먼지를 말한다. 전파천문학은 초기에는 주로 수소 원자가 방사하는 21㎝의 전파를 이용하여 이것으로 수많은 천문학상의 새로운 지식을 얻은 사실을 알고 있는 사람도 많을 것이다.

1960년대 후반에 들어서면서 마이크로파에 의한 관측이 가능하게 되어 암모니아, 수증기, 포름알데히드의 스펙트럼선이 잇따라 관측되었다. 성간물질로서 분자가 존재하는 것조차 예상외의 일인데 포름알데히드와 같은 유기물까지 존재한다는 사실은 학계에 큰 충격을 불러일으켰다. 은하계의 구조를 해명하는 데 유용했던 전파천문학이 생물 화학의 영역과

그림 65 | 전파망원경으로 우주 공간에 유기물의 분자 있음을 알게 되었다

접촉을 갖게 된 것이다.

　1970년대에 들어서면서 우주 공간에 존재하는 유기물의 발견은 급증하는 상태가 되어 불과 1년 사이에 십수 종에 이르는 생물과 관계가 있을 것 같은 화합물의 존재도 잇따라 보고되었다. 그 이유는 마이크로파 중에서도 특히 밀리파라 부르는 파장의 관측이 시작되었기 때문이다. 이렇게 해서 원시 지구에서 대활약을 했을 것이라고 생각되는 시안화수소(파장 3.4mm의 전파), 일산화탄소(2.6mm) 등의 존재가 확실해졌다. 그 외에도 포름아미드 NH_2CHO, 아세트니트닐 CH_3CN, 아세트알데히드 CH_3CHO, 포름산 $HCOOH$ 등의 생화학적으로 중요한 물질과 그에 가까

화 합 물 명	화 학 식
암모니아	NH_3
물	H_2O
포름알데히드	$HCHO$
일산화탄소	CO
시아노겐	CN
시안화수소	HCN
시아노아세틸렌	HC_3N
메틸알콜	CH_3OH
포름산	$HCOOH$
포름아미드	NH_2CHO
아세트니트릴	CH_3CN
이소시안산	$HNCO$
이소시안화수소	HNC
메틸아세틸렌	CH_3C_2H
아세트알데히드	CH_3CHO
에틸알콜	C_2H_5OH
아크리토니트릴	$CH_2=CHCN$

그림 66 | 전파에 의해 발견된 생물과 관계가 있을 것 같은 성간물질

운 구조를 가진 분자가 발견되었다.

이 성간 분자가 존재하고 있는 곳은 기묘한 장소다. 즉 평균하여 1cm³당 1개에서 10개 정도의 원자가 존재할 수 있을 정도의 희박한 장소이다. 더욱이 이들 분자는 먼지나 가스의 형태로 존재하고 있어서 거기에서는 상당한 밀도(일상생활의 감각으로 말하면 진공 그 자체와 같다. 예컨대 1cm³당 103~106개의 원자)로 되어 있다고 생각된다. 온도는 극히 낮아서 -170에서 -260 성노의 최저온의 상태에 있다. 이렇게 온도가

낮은 것과 밀도가 작은 것이 예상외의 분자의 존재를 허용하고 있는 이유의 일부일 것이다. 즉 화학 반응이 평형에 도달하는 조건이 결여되어 있기 때문에 우주에 압도적인 양의 수소가 존재하고 있음에도 불구하고 포름알데히드나 포름산과 같은 산화형의 분자가 존재할 수 있는 것이다.

성간 분자는 생명과 관계가 있는가?

전파망원경에 의한 관측파가 전부 해석되어 있는 것은 아니다. 그뿐만 아니라 더욱 복잡한, 따라서 더욱 생물과 관계가 깊은 분자일수록 해석이 곤란하며, 장래에는 아직 해석이 진척되어 있지 않은 관측파 가운데서 보다 생물학자의 흥미를 일으키는 화합물의 존재를 알 수 있게 될지도 모른다. 이들 분자가 어떻게 해서 만들어졌는지는 누구나 갖는 의문이지만, 뭐라고 해도 근간 이삼 년간에 급속히 발전한 분야이기 때문에 설명은 붙어 있지 않다. 우리가 특히 주의를 기울이고 있는 탄소화합물은 예컨대 우주 공간의 먼지로서 흑연의 미립자가 있어서 그 표면상에서 일어난 반응에서 생겨난 것인지도 모른다.

그것이 어떻게 해서 생겨났는지 알 수 없는 것처럼 성간 분자와 생명의 관계에서도 의견이 갈라져 있다. 지구도 이와 같이 우주의 먼지와 기체가 모여서 만들어진 것이다. 그렇다고 하면 원시 지구가 만들어졌을 때 이미 화학 진화의 출발 재료로서 포름산이나 포름알데히드가 대기나 해양의 성분으로서 존재하고 있었던 것이 된다. 그렇게 되면 유리-밀러 실험은 조건을 다소 수정하지 않으면 안 되게 된다. 원시 유기물의 출현은 더욱 쉬워지고 우리가 상상하고 있는 것보다 훨씬 오래전 시대에 유기물의 짙은 수프가 만들어져 있었던 것이 된다.

한편 지구의 제1차 원시 대기는 산산이 도망쳐 흩어지고 화학 진화의 출발점은 제2차 원시 대기일 것이라는 생각을 앞에서 소개했다. 이것은 오늘날 일반적으로 믿고 있는 것이지만, 이렇다면 포름산이나 포름알데히드 등도 특별히 지구에 붙잡히는 기구가 없는 한 도망쳐 버리고 말았을 것이다. 물론 일부는 지구 내부에 끌려 들어가 제2차 원시 대기의 재료로 되었을 것이다. 그렇지만 그때는 이미 고온이어서 일단 화학 반응의 평형이 성립하여 메탄이나 일산화탄소 등으로 변형되어 지상에 분출되었을 것이므로 얼핏 보아 생물과 관계가 있을 것 같은 성간 분자는 이 경우에 화학 진화상에서는 아무런 쓸모도 없었다.

또 하나의 다른 의견은 다음과 같다. 성간 분자가 제1차 원시 대기의 구성분으로 되어 있다고 할지라도 그것은 산산이 도망쳐 버렸을 것이다. 제2차 원시 대기는 유리가 말하고 있는 메탄 중심의 것이든 다른 사람들이 주장하고 있는 일산화탄소 중심의 것이든 어느 쪽이든 좋다. 그렇지만 지구 역사의 최초의 1억 년 정도 사이에서는 혜성의 대충돌이 몇 번인가 있었을 것이다. 이때 오늘날 성간 분자로 알려진 화합물이 혜성의 꼬리가 되어 대량으로 지구에 운반되었고 이것이 메탄 등과 같이 생명의 탄생에 이르는 출발점이 되었다고 생각하는 것이다(보충 1, 234페이지).

이러한 생각에 따르면 지구 이외의 어느 별에서도 출발 재료의 일부는 성간 분자로서 발견될 수 있는 분자이기 때문에 만들어지는 생명도 아주 비슷할 것이라고 생각된다.

생명의 흔적이 없는 월석

현재 우리가 입수할 수 있는 지구 외의 재료는 운석과 월석뿐이다. 월석은 원래 다른 우주과학의 여러 분야와는 달라서 우주 생물학의 입장에서는 그렇게 큰 기대는 걸지 않았었다. 그러나 운석에는 앞에서 기술한 바와 같이 약간의 난점이 있기 때문에 다른 천체의 자료가 입수될 때까지는 월석도 귀중한 정보원의 하나로서의 위치를 차지하고 있다.

달의 표면은 진공 상태이고 더구나 표면 온도가 높기 때문에 우리가 기대하고 있던 분자는 달에 예전에 존재하고 있었다고 치더라도 지금은 증발하여 우주의 저쪽으로 날아가 버렸을 것이다. 지금까지도 남아 있다고 하면 그것은 월면에서 깊은 곳에 있을 것이다. 언제인가 월면에서 몇 십 m를 보링할 수 있는 날이 오면 우주 생물학자는 기대를 걸고 유기물을 분석하게 될 것이다. 그것은 그 유기물의 분석으로부터 달에서는 화학 진화가 어디까지 진행되었으며 그것은 어떤 것이었는지를 알 수 있기 때문이다.

그렇다고 해서 아폴로 11호 이후 갖고 온 자료의 유기분석에 열중하

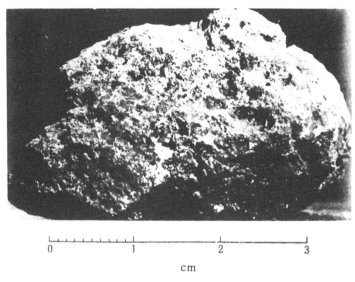

|_____|_____|_____|_____|_____|_____|
0   1   2   3

cm

그림 67 | 아폴로 위성선에 의한 월석의 채취와 그 돌

지 않았다는 것은 아니다. 각 대학 연구소에서는 각자의 생각대로의 조작으로 분석되었지만 주로 급격히 가열했을 때 발생하는 기체를 분석한다든지, 물이나 염산으로 추출한 것을 분석한 곳이 많다. 예상했던 것이지만 세포나 화석과 같은 구조체는 전혀 발견되지 않았다. 또한 지구 미생물이면 거의 다 번식할 수 있는 영양이 풍부한 배지에 월석을 넣어도 아무것도 번식하지 않았다. 현미경으로 관찰한 결과 월석에는 현재는 물론과거에도 생명이 존재한 증거는 발견되지 않았다.

유기물의 분석은 대단한 일이었다. 운석 때와 같이 오염에 최대의 주의가 기울여졌으며 탄소질 콘드라이트 등에 비하면 탄소화합물의 함량이 한층 적기 때문에 분석 결과는 논쟁의 불씨가 되었다. 연구자들은 우선 실험실의 공기를 먼지를 제거하는 장치를 통해 깨끗한 공기로 만들었다. 다음에는 화학실험실에서 흔히 잘 사용되는 크롬황산이라는 강력한 유리 세척액으로 유리 기구를 씻어본 결과 그것도 충분히 깨끗하게 되지 않음을 알았다.

이러한 여러 가지 노력 끝에 충분히 깨끗하다고 생각되는 분석이 행해졌으나 결과는 일치하지 않았다. 어떤 사람은 초미량의 아미노산이나 그 유사체를 검출했으나, 한쪽에서는 전혀 검출되지 않았다. 또한 검출된 아미노산이 정말 달에 있었던 것인지 지구로 갖고 온 후에 지구의 아미노산이 스며들어간 것인지도 판정되어 있지 않았다. 많은 사람이 지구에 연유된 것이라고 생각하고 있다.

실험실의 공기를 깨끗이 한다든지 해서 월석을 충분히 엄중한 관리하에서 취급했는데도 불구하고 극히 적은 오염은 피하지 못할 가능성이 있다. 전자현미경으로 월석을 관찰하고 있던 어떤 사람은 화장지에서 기인된 거라고 생각되는 가는 종이의 섬유가 월석에 붙어 있었던 것까지도 보고했다. 우리의 청정 기술은 더 향상시키지 않으면 분석 기술에 대응하지 못하는 것 같다.

현재의 분석 기술은 극히 미량인 것이라도 충분히 탐지한다. 달 착륙선이 착륙 시에 뿜어낸 로켓 엔진의 배기 가스가 월석에서 검출되었던 것이다. 포르피린과 같은 직접 생물의 구성분이 되는 유기물이 있다는 분석 결과도 있었으나 이것은 엔진 배기 가스 중 한 성분이고 달 본래의 것은 아니라고 생각하고 있다.

그런데 정말 달 본래의 것이라고 할 수 있는 탄소의 화합물은 시료를 산으로 처리한다든지, 가열했을 때 얻어지는 메탄이나 일산화탄소 등이었다. 이것들은 달 본래의 탄소화합물일 것이라는 점에서는 연구자들 사이에 대체로 일치하고 있다. 달의 바다에서 얻은 자료나 산에서 얻은 것이나 큰 차이는 없다. 산으로 분해하면 탄소수가 4 정도까지의 탄화수소가 얻어졌으므로 카바이드와 같은 것이 월석에 포함되어 있다고 생각된다. 탄소의 동위원소 분포, 제2장에서 설명한 값은 플러스로서 왜 지구의 탄산염 광석에 있어서의 값보다 큰지는 알지 못한다. 이상이 월석에서 얻은 지식의 대부분이다. 결국 예상한 대로인데 화학 진화에 관해서는 월석은 그다지 많은 것을 알려주지는 못했다.

화성의 환경에서도 미생물은 살 수 있다

월석보다 기대되고 있는 것은 1975년에 발사 예정인 화성 탐험의 바이킹 계획이었다. 생명 탐지 장치도 보낼 계획이므로 우주 생물학자는 크게 기대했다. 그렇다고 해서 화성 생물의 연구자는 그때까지 아무 일도 하지 않고 매일 빈둥빈둥 보낸 것은 아니고 화성의 모형을 지구상에 만들어 조사하는 연구 등이 활발히 진행되었다.

화성의 대기는 주로 이산화탄소로, 거기에 소량의 질소 가스를 포함하고 있다. 표면에는 다소의 결합수가 있고 대기압은 대체로 4~8mm 수은주(지구의 대기압은 760㎜)이다. 표면 온도는 하루 중 최고 25 정도로부터 최저 -60 정도로 측정되어 있다. 이 값은 지표의 것으로서 흙 속은 -40 정도일 것이다. 화성의 모습은 주로 인공위성 매리너 4호가 보내온 데이터를 기초로 산출된 것이다.

연구실 내에서 이 값에 따라서 '화성'이 만들어졌다. 화성의 하루도 거의 24시간이기 때문에 이 주기로 인공 화성의 지표는 25로부터 캄캄한 밤중에 -60 정도까지 냉각되고 또한 해 대신에 불로 25 정도까지 덥혀진다. 대기로서는 이산화탄소 70%, 질소 25%, 아르곤 5%의 혼합 가스가 가해졌다. 이 인공 화성 속에 지구 미생물을 살게 하면 몇 개의 종류가 생활하는 것을 알 수 있다. 단 영양분은 외부로부터 가해주는 것이다.

이 실험 결과는 두 가지 의미를 갖고 있다. 첫째는 장래 화성에 사람이 살 때는 지구의 미생물을 갖고 가면 확실히 화성 표면에서 살아서 인

```
하루의 길이        약 24시간
                   일조시간 약 16시간

온       도        일중최고 25℃
                   최저  -60℃
                   표면하15cm의 흙속 -40℃
                              (거의 일정)

대       기        기압 = 6mmHg
                   조성 = 이산화탄소 70%
                          질소      25%
                          아르곤      5%
                   습도 = 1%이하
```

그림 68 | 화성 표면의 상태(여름)

간의 생활에 도움을 줄 것이라는 것이다. 반대로 화성에 보내는 인공위성에는 각별히 주의하지 않으면 화성을 지구의 미생물로 오염시킬 위험성이 있다는 것이다. 이전에 달에 보낸 탐지 카메라 부분을 아폴로로 갖고 왔을 때 카메라 케이블 속에 지구 미생물이 살아 있었던 것이 발견되었는데 화성에 대해서도 멸균을 충분히 실시할 필요가 있다. 어쩌면 화성에서 번식해 버릴지도 모르고 만일 화성 생물을 다 먹어버리고 만다든지 하면 되돌릴 수가 없기 때문이다.

두 번째 뜻은 만의 하나이긴 하지만 지구 미생물이 살 수 있다면 어쩌면 화성에서도 미생물이 살고 있을지도 모른다는 것이다. 이전에는 화성에는 대운하를 만든 문명을 가진 생물이 있다고도 하며, 혹은 조류(藻類)

226

그림 69 | 화성의 표면(매리너에 의한다)

나 이끼와 같은 식물체가 살고 있다고 생각되고 있었으나 이것은 1965년 7월에 매리너 4호가 가까이에서 사진을 찍어 지구로 보낸 것으로 해서 일단 부정되고 말았다.

매리너 4호의 사진은 달의 표면과 똑같아 어느 곳에든지 식물과 운하는 없었다. 그러나 그 후에 조금이나마 물이 있음을 알게 되어 달보다는 어느 정도 나은 환경에 있고 지구 생물이 살 수 있다면 하등의 박테리아 정도는 어쩌면 살고 있을지도 모른다고 고쳐 생각하고 있다. 단 이것은 어디까지나 '어쩌면'이다.

화성은 지구와 비슷한 점이 많기 때문에 아마도 태곳적에는 원시 지구와 비슷한 환경을 갖고 있었으리라고 생각된다. 그렇게 되면 원시 지구상에서와 같이 화학 진화가 진척되었을 것이다. 화성에서는 생명 탄생 후에 환경이 변화하여 대기를 잃어버려서 생물의 역사도 거기서 멈추고 말았을지도 모른다. 화성의 돌에는 우리가 입수할 수 없는 원시 생물 진화의 모습이 적혀져 남아 있다고 생각되기도 하고, 화성에서는 생명의 탄생 전에 멈추어 있을지도 모른다고 생각된다. 화성의 돌로 화학 진화의 모습을 알 수가 있다. 어쩌면 지금 우리가 제일 알고 싶어 하는 원시 생명 탄생 직전의 모습을 알게 될지도 모른다. 결국 현재 화성에는 생물이 없다고 하더라도 화성은 우주 생물학자에게는 역시 꿈 많은 별이다.

태양계의 로제타 스톤

목성의 현재의 대기는 메탄, 암모니아, 수소 등으로 이루어져 있는 것으로 생각되고 있다. 사실 유리가 생각한 원시 지구의 대기와 같다. 목성은 태양으로부터 멀리 떨어져 있어 그만큼 온도도 낮기 때문에 화학 반응이 진행되지 않으므로 아직도 40억 년 전의 지구와 같은 상태, 같은 모습이 아닐까, 아니면 그보다 더 오랜, 지구가 갓 탄생했을 때와 같은 상태가 아니겠는가라는 생각을 갖고 있는 사람도 있다. 그래서 목성을 조사해 보면 지구 탄생 시의 태양계의 모습을 알 수 있을 것이라는 생각으로 목성에 대한 것을 태양계의 '로제타 스톤'이라고 부르는 일이 있다(로제타 스톤은 나폴레옹이 이집트를 원정했을 때 로제타에서 발견한 돌비석으로,

그림 70 │ 빨간 반점을 가진 목성은 원시 지구의 수수께끼를 가르쳐 준다?

명확하지 않았던 신성(神聖)문자를 해독하는 열쇠가 되었었다).

목성도 모형을 만들어 연구하고 있다. 목성의 대기권 상부의 모형으로서 메탄-암모니아의 혼합 가스 속에서 방전을 일으키면 그 속에 시안화수소를 비롯하여 니트릴류가 합성된다. 예상한 대로 원시 지구상에서 일어났으리라고 믿어지는 반응이 일어난 것이다. 그리고 이것들이 목성의 대기 속에서 물과 반응하여 아미노산이 만들어졌을 것이다. 또한 이 실험을 하면 플라스크 속에 빨간색의 기름상의 물질이 축적된다. 목성에는 빨간 반점이 있는데 빨간 기름상의 물질은 이것과 같은 것인지도 모른다.

목성의 모형 속에서도 지구의 세균이 살 수 있다는 것을 알게 되었다. 지구상의 생물 가운데도 변화된 종은 퍽 많아서 온도가 80 이상인 뜨거운 온천에서 살고 있는 세균이 있는 반면에 남극대륙의 -20 이하인 차가운 연못에 살고 있는 세균도 있다. 이것들은 단지 참고 견디고 있는 것이 아니고, 뜨거운 장소나 추운 장소가 좋기 때문이며 보통 장소에서는 자라지 않는다.

앞 장에서 진한 암모니아수에서 살고 있는 박테리아에 관해서 조금 언급했지만 이들은 세균이라고 할지라도 같은 아미노산으로 비슷한 단백질을 만들고 같은 핵산염기를 사용한다. 우리와는 유전자 속에 같은 생물어(生物語)가 들어 있는 한패다. 그렇기 때문에 세균 중에 목성과 같은 환경에서 살 수 있는 것이 있다고 할지라도 그다지 이상한 일은 아니다.

그래서 시간만 충분히 경과하면 목성에서도 생명이 탄생할 가능성은 있다고 생각된다. 또는 이미 탄생해 있을지도 모른다고 생각하는 사람도 있다. 다만 제아무리 생물의 적응성이 크다고 할지라도 한계는 있다. 온도가 너무나 극단적이어서는 생명은 존재하기 어렵다. 목성의 대기 중 그리 높지 않은 공간에서는 지구상의 공중 박테리아같이 훨훨 떠 있는 것 같으면 있을 수 있다고 하는 의견도 있다.

기타 별의 생명

'훨훨 떠 있는 생물'은 금성에서도 가능하다고 발표하고 있는 사람도 있다. 금성의 지표는 고압의 이산화탄소로 차 있고 온도가 150에서 300 정도의 고온이다. 러시아의 인공위성 분석에서는 소량의 산소가 존재한다고 보고되어 있다. 금성의 모형으로서 고압의 이산화탄소와 물을 150 전후로 가열하는 장치도 만들어져 있다. 그리고 지구상의 세균 중에 어떤 종류의 것은 그 속에서도 죽지 않는 것이 있다는 연구도 있다. 그러나 금성에도 만일 생명이 존재한다면 그것은 금성의 지표보다 훨씬 높은 공중에서 훨훨 떠 있을 것이라고 생각하고 있다(보충 2, 234페이지).

수성은 태양에서 지나치게 가깝다. 토성 및 그것보다 먼 곳에 있는 별은 태양으로부터 지나치게 떨어져 있다. 어느 것이든 생명을 유지하는 환경, 특히 온도의 관점에서 보면 이들 별에는 생명이 존재할 가능성은 훨씬 적다. 결국 일반적으로 화성, 금성, 목성의 세 별에 한해서 생명이 존재할 가능성에 관해 논의되고 있으나 어느 것이나 존재할 가능성 그 자체는 매우 낮다. 이 태양계 중에서는 지구에서만 생명은 존재할 수 있을 것이라는 것이 가장 있을 법한 일이다.

그러나 생명은 발견되지 않더라도 이 별들의 유기물을 입수할 수만 있다면 우주 생물학을 넘어 생명과학 전반에 걸쳐서 귀중한 정보원이 될 것이다. 그 뜻은 지금까지의 이야기로 충분히 이해가 될 것이다. 다른 천체상의 유기물을 분석할 수 있다는 것의 학문적 의미는 지구 이외의 생물

명왕성

해왕성

천왕성

토성

목성

화성

지구

금성

수성

태양

그림 71 | 태양계

이 발견되었다는 것과 같은 정도의 것이라고 해도 과언은 아니다.

태양계의 행성에서는 지구 이외의 별에는 생명은 존재할 것 같지 않다. 그러나 전 우주에는 생명이 존재할 수 있을 것 같은 별이 1,000억 개 있다. 그중에는 우리와 같은 정도의 문명 혹은 그 이상의 문명을 가지고 있는 생물도 있을 것이다. 태양계 외에는 너무 멀어서 탐험하러 갈 수 없기 때문에 남은 수단은 문명을 가진 생물과 통신을 하는 일이다.

이 우주 통신은 대단히 어려운 일이다. 한국어를 모르는 미국 사람과 영어를 모르는 한국 사람이 회화를 하려고 하는 것보다도 훨씬 어렵다. 우주인이 어떤 언어를 갖고 있는지 조금도 예상할 수 없다. 첫째 우주의 어느 방향에 있는지도 알 수 없다. 그런데도 1960년대의 전반에는 이 문제가 진지하게 취급되어 미국의 오즈마 계획과 같은 우주 통신의 실험까지도 행해졌다. 우주인과 통신하는 방법에 관해 현재 생각하고 있는 것 중의 두세 개를 간단히 기술하고 이 장을 끝맺기로 한다.

우선 통신계는 단순한 것일수록 좋다. 그래서 원시 핵산 때 생각한 것처럼 2성분계(2문자의 언어)가 된다. 그리고 내용은 문장이 아니고 그림이 좋다. 그 그림을 전파로 보내는 구성은 텔레비전과 같은 방법이 좋을 것이다. 이렇게 우주 생물학자의 한 사람인 드레이크 박사는 〈그림 72〉 왼편과 같은 통신문을 생각했다.

머리가 좋은 우주인은 이 전파통신을 받게 되면 암호를 해독하려고 할 것이다. 그리고 이 통신은 〈그림 72〉 오른쪽에 나타낸 그림이 되는 것에 주목하게 만들어져 있다. 우주인은 다음에 이 그림으로부터 지구인은 무엇을 알리려고 하고 있는지를 생각할 것이다. 여러분들도 우주인이 되었다는 기분으로 생각해 보아주기 바란다. 예컨대 그림의 중앙 아래에는 '지구인은 두 다리로 서는 것을 가리키고 있다'라는 것과 같이(보충 3).

(보충) 이 책 탈고 후 얻은 우주과학의 최신의 진보를 보충해 둔다.

(보충 1) 1973년 말부터 1974년에 걸쳐 접근한 코호테크 혜성의 관측에서 혜성 꼬리의 화학조성에 관해 많은 지식을 얻어 HCN이나 CH_3CH의 분자의 존재가 확인되었다.

(보충2) 금성은 두꺼운 구름에 둘러싸여 있으나 러시아의 베네라, 미국의 매리너 우주선에 의한 관측의 결과, 의외에도 황산과 염산이 주성분이라는 것을 알았다. 금성 대기권 내에 생명이 존재할 가능성은 아직도 한층 비관적인 것이 되어 버렸다.

(보충3) 우주 생물학자들은 뜻밖의 기회에 통신문을 보내게 되었다. 1972년 3월에 발사한 파이오니어 10호는 1973년 12월 주목적인 목성의 관측을 끝맺고 방향을 90도 전환하여 우리의 태양계 밖으로 날아가 버리는 최초의 우주선이 되었다. 이 기회에 지능을 가진 우주인에게 통신문을 보내게 되어 발사 직전에 드레이크, 사강 두 박사의 공동 작업으로 통신문이 고안되었다. 2진법의 수식(즉 2성분계 언어의 일종)으로 우리 지구의 은하계에서의 위치를 기록하고 또 인류의 모습을 파서 15cm×22cm 정도의 금도금한 알루미늄판이 지구 인류가 보낸 최초의 우주 통신문으로서 파이오니어 10호에 부착했다. 이 통신문은 지금도 언제인가, 어디서인가 지능이 높은 우주인이 보게 되리라는 우리의 기대 속에서 광대한 우주 공간을 계속 날고 있다.

〈그림 72〉와 유사한 통신문(조금 더 긴 문장)이 1974년 11월 16일 헤르쿨레스자리 M13 구상성단을 향해 송신되었다. 거기에 우주인이 있어서 곧 반신해 준다면 그 회답은 서기 5만 년경 지구에 도달할 것이다.

그림 72 | '우주인'에게 보낸 통신문과 그 내용을 나타내는 그림

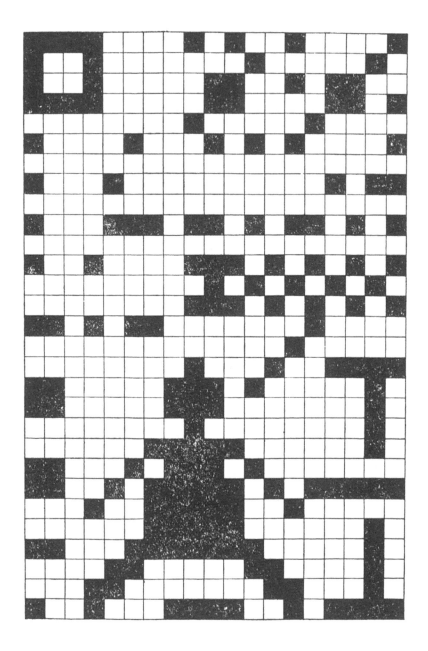

역자 후기

지난여름의 일이다. 전파과학사의 손사장님으로부터 돌연 『생명의 탄생』이라는 이 책자를 번역해 달라는 부탁을 받았다. 이 분야를 전공하고 있는 것도 아니고 더구나 종교마저 갖고 있는 역자로서 이 책을 번역하는 것이 적합한가 어떤가를 생각하여 번역을 주저한 바 있었다.

그러나 생명과학을 전공하는 한 사람으로서 생명의 기원에 관한 연구자들이 어떤 데서 힌트를 얻고 어떤 생각에서 어떤 방법으로 이 문제를 추구해 가고 있는가를 알릴 책임이 있다고 생각되었다. 또 한편 최초의 생물이 어떻게 해서 탄생되었을까라는 의문은 생명과학을 전공하는 사람이나 그렇지 않는 사람을 막론하고 거의 모든 사람이 관심을 가지고 있는 문제이며, 이 어려운 문제에 대해 납득할 수 있을 만한 설명이 들어 있는 책이 있다면 그것을 읽어보고 싶어 하는 사람도 많을 것이라고 생각되었다. 그렇기 때문에 힘에 넘치는 일임을 무릅쓰고 승낙했다. 번역하고 난 지금 역자로서도 많은 것을 배우고 느낄 수 있었던 것을 다행으로 생각한다.

생명의 기원을 다룬 서적은 많이 나와 있으나, 특히 이 책은 생명의 탄생을 추구해 가는 과정을 조리 있게 정리했다는 점에서 다른 책에서는 찾아 볼 수 없는 특징이 있다. 따라서 이 책을 읽음으로서 이 분야의 연구자들이 어떤 점에 착안하여 어떤 생각으로 연구를 진행해 가며, 어떤 방법으로 어떻게 추구해 가는가를 알 수 있을 것이다. 또 연구자의 생각이 문제 해결에 얼마나 중요한가를 배울 수 있게 될 것이다. 또한 이 책을 통해 이 분야에 연구해야 할 점이 아직도 얼마나 많은지를 알 수 있게 될 것이다. 이러한 의미에서 생명과학을 전공하는 사람은 물론 그 외의 과학도들은 반드시 한번 읽어 볼만한 책이라고 생각한다.

이 책을 읽는 이로 하여금 자기 나름대로의 생명관을 가지는 데 도움이 되었으면 하는 마음이 간절하다.

끝으로 이 책을 번역할 수 있는 기회를 주신 전파과학사 사장님과 출판되기까지 많은 수고를 아끼지 않으신 한명수 선생께 마음으로부터 깊은 사의를 표한다.

백태홍